Alexander S. Kaufmann
Geheimnisse des Erfolgs

ALEXANDER S. KAUFMANN

Geheimnisse des Erfolgs

15 Impulse, die Ihr Leben bereichern

**JÜRGEN HÖLLER
ACADEMY**

Jürgen Höller Academy KG
Carl-Benz-Straße 13
97424 Schweinfurt
Telefon   +49-(0)9721-475880
Telefax   +49-(0)9721-4758850
E-Mail   info@juergenhoeller.com
Internet   www.juergenhoeller.com

Besuchen Sie uns auf f oder You Tube

Illustrationen: Rainer Blocher www.ideen-atelier.com
Druckabwicklung: ONE WORLD DISTRIBUTION, Remscheid
Printed in Germany

ISBN 978-3-95838-139-1

Inhalt

Vorwort

Erfolgreiche haben sich Gewohnheiten angeeignet, die jeder ganz leicht in den Alltag einbauen kann.

Diese 15 Geheimnisse des Erfolgs liefern Ihnen entscheidende Ideen, Strategien, Anregungen und Impulse, die Sie in Ihrem Leben anwenden können.

Sie werden faszinierende Entdeckungen machen, wenn Sie die 15 Geheimnisse des Erfolgs aufdecken. Die Wirkung wird erstaunlich sein: Sie leben ein Leben von dem Sie immer geträumt haben! Denn jeder kann erfolgreich sein, ganz gleich wo er heute steht oder was er erlebt hat:

Sie können Ihr Leben verändern und grandiose Ziele erreichen.

Viel Spaß beim Lesen und maximale Erfolge in all Ihren Lebensbereichen

Ihr
Alexander S. Kaufmann

Die 15 Geheimnisse des Erfolgs

Was unterscheidet die Menschen und macht sie glücklich oder unglücklich, gesund oder krank, optimistisch oder pessimistisch, euphorisch oder depressiv? Wie schaffen wir es, uns neu zu programmieren und was ist zu tun, um ein außergewöhnlich erfülltes Leben zu führen?

Um erfolgreich zu werden, brauchen Sie **Mut!**

Wenn das nicht so wäre, würden viel mehr Menschen gesundheitsbewusster leben, hätten glücklichere und harmonischere Beziehungen, einen erfüllenden Beruf, lebten im Reichtum und Wohlstand und würden den wirklichen Sinn ihres Lebens erkennen. Der Erfolgreiche hat vor den Herausforderungen des Lebens eben solche Befürchtungen, wie der Erfolglose. Nur mit dem Unterschied, dass der Erfolgreiche sich mutig und mit entschlossener Tatkraft an die Aufgaben heranwagt, während der Erfolglose vor Angst erlahmt und sich in einem schockähnlichen Zustand befindet. Viele Menschen arbeiten ein Leben lang, nur um dann einigermaßen »über die Runden« zu kommen und »durchschnittlich« zu leben, während die anderen scheinbar alles mit müheloser Leichtigkeit und Freude erreichen und dabei auch noch, ganzheitlich betrachtet, reich, glücklich und erfüllt sind.

Es geht um mehr, als nur ein guter Mensch zu sein oder im Beruf die besten Absichten zu haben.

Im Laufe der Jahre fand ich heraus, warum die einen ERFOLG-REICH und die anderen ERFOLG-LOS waren. Ich nenne diese Gesetze »Die 15 Geheimnisse des Erfolgs«. In den nächsten Kapiteln werde ich das Geheimnis lüften, so dass Sie, liebe Leserinnen, liebe Leser, davon profitieren werden.

Doch Achtung – es wird nichts Neues sein. Sie kennen all diese Geheimnisse. Die Frage ist nur: Wenden Sie sie auch an? TUN Sie es schon oder kennen Sie sie nur. Seien Sie gespannt auf die Antwort, wenn es heißt: Erfolg und Glück – ein Leben lang?

In diesem Sinne: Herzlich willkommen zu den »Geheimnissen des Erfolgs«. Die Impulse und Anregungen werden Sie motivieren, begeistern und antreiben zum Handeln. Machen Sie sich Notizen und markieren Sie wichtige Passagen mit einem Textmarker. Kommen Sie innerhalb der berühmten 72 Stunden ins TUN – Sie wissen: Alles, was Sie nicht in dieser Zeit beginnen, hat die Tendenz gegen Null und immer, wenn Sie mit dem einen oder anderen Geheimnis konfrontiert werden, kommt das schlechte Gewissen: »Da war doch was …!«

Es gibt keine Geheimnisse – und trotzdem ist es für viele ein Geheimnis!

Für viele Menschen muss es ein Geheimnis hinter dem Geheimnis geben. Wenn es kein Geheimnis gäbe, dann hätten mehr Menschen eine bessere Fitness und Gesundheit, hätten harmonischere, friedvollere Beziehungen oder Partnerschaften; sie würden einem Beruf nachgehen, der sie erfüllt und zu dem sie sich berufen fühlten. Sie wären finanziell frei und wüssten, was der wahre Sinn ihres persönlichen Lebens wäre!

Über 6.000 Jahre niedergeschriebene Menschheitsgeschichte hat es bis heute noch nicht geschafft, alle zu glücklichen und zufriedenen Menschen zu machen. Zu viel Krieg, Hass, Neid, Eifersucht und Missgunst beherrschen die Gedanken der Menschen.

Spannend, dass ausgerechnet Sie gerade jetzt dieses Buch lesen. Diejenigen, die sich dessen, was hier geschrieben steht, bewusst werden sollten, sitzen wahrscheinlich vor dem Fernseher, die Fernbedienung in der einen, das »zweite oder dritte Feierabendbier« in der anderen Hand und lassen sich von den Problemen oder dem Glück anderer berieseln, sämtlicher Verantwortung entzogen …

Menschen wie Sie, wissen um dieses Geheimnis, was kein Geheimnis ist, sonst würden Sie kein Geld und keine Zeit in Ihr persönliches Weiterkommen investieren und dieses Buch lesen!

Sokrates, ein bedeutender Philosoph, ca. 400 v. Chr., war ein sehr weiser Mann. Auf jede Frage, die man ihm stellte, fand er eine Antwort.

Das wurmte so manchen Schüler. Einer wollte Sokrates eine Frage stellen, die er nie und nimmer beantworten konnte. Er wollte Sokrates vor versammelter Schülerschar bloß stellen. Und so grübelte er Tag und Nacht, bis er schließlich eine Idee hatte.

Er trommelte all seine Schülerkollegen zusammen und verkündete voller Stolz, dass er nun wüsste, wie er Sokrates eine Frage stellen könnte, die er nie und nimmer beantworten könne. Neugierig wollten seine Freunde wissen, was das für eine Frage sei. »Ganz einfach«, antwortete er mit einem Lächeln auf den Lippen »ich werde in meine hohle Hand einen kleinen Vogel setzen und ihn mit der anderen Hand abdecken. Wenn ich nun Sokrates frage, ob der Vogel tot oder lebendig sei, wird er immer Unrecht haben. Sagt er, der Vogel ist tot, dann öffne ich die Hand und der Spatz fliegt davon. Sagt er aber, der Vogel ist lebendig, dann drücke ich meine Hände zusammen und zeige Sokrates dann das Ergebnis!« Seine Schülerkollegen waren begeistert. Endlich eine Frage, die selbst Sokrates, der weiseste unter allen Philosophen, nie und nimmer beantworten könne, egal wie klug er auch sei. So zog die Meute los und ging zu Sokrates, der auf einem Hügel saß und den Sonnenuntergang genoss. Der Wortführer begrüßte Sokrates mit den Worten: »Was kann ich für dich tun?« »Lieber Sokrates, du weisester unter den Lehrern, du, der du auf alle Fragen eine Antwort geben kannst. Wir haben eine Frage, deren Antwort wir von dir zu erwarten hoffen.« »So frage, mein Schüler«, sprach Sokrates.

»In meiner Hand befindet sich ein kleiner Vogel und wir wollen von dir, Sokrates, der alles weiß und jede Frage beantworten kann, wissen, ob dieser Spatz lebt oder tot ist?« Sokrates antwortete nicht gleich. Er musterte seine Schüler mit wachen Augen von oben bis unten. Dann antwortete er: »Es liegt allein in deiner Hand!«

Es liegt in Ihrer Hand, was Sie aus Ihrem Leben machen!

Gehen Sie jetzt zu einem Spiegel. Schauen Sie sich tief in die Augen und sprechen Sie laut, mit fester Überzeugung in Ihrer Stimme: »Ich bin für meinen Misserfolg und Erfolg vollkommen selbst verantwortlich!« Auch wenn Ihnen das im ersten Moment peinlich oder ungewohnt erscheinen mag, wiederholen Sie dies immer wieder. Verstärken Sie die Worte, indem Sie mit den Fingern auf sich zeigen: »Ich bin für meinen Erfolg vollkommen selbst verantwortlich!«.

Schauen Sie sich Ihre Hand an, während Sie mit ihr auf Ihr Spiegelbild zeigen. Wie viele Finger zeigen auf Sie? **SIE SELBST** sind vollkommen für alles verantwortlich, was Ihnen widerfährt – Misserfolg oder Erfolg – es liegt in Ihrer Hand und einzig Sie allein haben die Wahl!

Im Wort Verantwortung steckt die Antwort. Genau darin liegt die Lösung …

Eine kleine Geschichte: Eines Abends schien ein Mann, der unter einer Laterne auf den Knien robbte, etwas zu suchen. Ein anderer Mann kam vorbei, sieht den Knienden und fragt ihn, ob er etwas verloren hätte. »Ja«, antwortet der Suchende, »meinen Schlüssel!«. Spontan bietet er seine Hilfe an und so suchen beide unter der Lampe nach dem verlorenen Schlüssel. Nach einer Weile erfolglosem Suchen fragt der Helfer: »Sind Sie sicher, dass Sie hier den Schlüssel verloren haben?« »Nein«, antwortet der Mann daraufhin »den Schlüssel habe ich da drüben im Gras verloren. Aber unter der Lampe ist es heller, deshalb suche ich hier!«.

Hören Sie ab sofort auf, anderen oder den äußeren Umständen die Schuld zu geben! Übernehmen Sie für alles die volle Verantwortung, das ist das erste Geheimnis des Erfolgs, was aber kein Geheimnis ist!

Erfolgreiche haben alle Lebensbereiche in Balance!

Wer kennt sie nicht, die »Modeerscheinung Burnout«! Wie ein »Hamster im Rad« täglich funktionieren, am Abend erschöpft ins Bett fallen, um dann am nächsten Tag nach einer unruhigen Nacht wieder im Hamsterrad anzutreten …

Schaffen Sie sich eine Balance in den wichtigsten fünf Lebensbereichen:

Gesundheit

Arthur Schopenhauer drückte es so aus: »Gesundheit ist nicht alles, aber ohne Gesundheit ist alles nichts!«. Wenn Menschen gesund sind, dann haben sie tausend Wünsche, Träume, Hoffnungen, Ziele und Visionen. Aber sobald sie krank sind, wollen sie nur noch eins: so schnell wie irgend möglich gesund werden!
Gesundheit basiert auf zwei Ebenen – auf der körperlichen und geistigen.

Körperlich ist es entscheidend, wie ein Mensch sich ernährt, bewegt und entspannt.
Wenn Sie heute in den Supermarkt gehen und Ihren Einkaufskorb füllen, haben Sie 95 Prozent industriell gefertigte Nahrung eingekauft. Nahrung ohne Nährstoffe, Mineralien oder Vitamine. Lebensmittel sollen Leben vermitteln. Doch die meisten Menschen essen »tote Mittel« …

Erfolgreiche achten bei ihrer Ernährung darauf, dass ihnen das, was sie zu sich nehmen, auch Energie bringt.

Sie essen gesund, viel Obst und Gemüse, trinken täglich zwei bis drei Liter stilles Wasser.
Sie bewegen sich viel an der frischen Luft und treiben Sport.
Wer sich viel bewegt, sich und seinen Körper in Spannung bringt, soll sich auch entspannen. Erfolgreiche können loslassen, sich ausruhen, um dann mit mehr Gelassenheit und Energie weiterarbeiten.

Geistige Gesundheit ist ähnlich wie körperliche Hygiene. So wie Menschen sich morgens und abends »umweltfreundlich« gestalten, so müssen wir auch geistige Hygiene betreiben.
Täglich gehen Menschen aber mit Raub, Vergewaltigung, Mord und Totschlag ins Bett und wundern sich, warum sie nachts so unruhig schlafen ...
Noch schlimmer ist es, wenn der Fernseher im Schlafzimmer steht. Eingeschlafen dringen die Informationen ungefiltert aus dem TV direkt ins Unterbewusstsein. Erfolgreiche schauen auch fern, doch viel mehr schauen sie in die Ferne; sie malen sich vor ihrem geistigen Auge aus, wie sich ihre Zukunft entwickeln wird. Erfolgreiche lesen mehr Bücher, machen eine Morgenvorschau und einen Abendrückblick. Erfolgreiche hören seltener Radio, sie programmieren sich mit Hörbüchern und Suggestionen auf Erfolg, Wachstum, Gesundheit und Reichtum.

Beziehungen

Im Durchschnitt kennen und pflegen wir zu 250 Menschen eine Beziehung.

Das können die Eltern, Kinder, Partner, Verwandte, Bekannte, Freunde, Mitarbeiter, Kollegen, Vorgesetzte und Nachbarn sein. Doch mit einer Person reden wir über den Tag verteilt am allermeisten – mit uns selbst!

Wir sind 24 Stunden mit uns selbst zusammen. Morgens, wenn Sie in Ihrem Bett liegen und vom Schlafzustand in das Wachbewusstsein kommen, fängt die innere Stimme an, mit Ihnen zu reden. Und von diesem Zeitpunkt an begleitet Sie Ihre innere Stimme den ganzen Tag.

Wie spricht diese Stimme mit Ihnen?

Ist sie gutgelaunt, fröhlich mit einer ansteckenden Lebensfreude?

Oder grummeln Sie darüber, wie ein Tag gut sein soll, der mit Aufstehen beginnt?

Ihre Stimmung überträgt sich auf Ihre Mitmenschen. Sie sind 24 Stunden mit sich selbst zusammen und wenn Sie sich mögen, dann mögen Sie auch andere. Wer sich liebt, wird geliebt! Das hat nichts mit egoistischer Selbstliebe zu tun, sondern mit Respekt. Respektieren Sie Ihre einzigartige Persönlichkeit, indem Sie sich lieben und mögen. Wenn Sie morgens in den Spiegel schauen, lächeln Sie sich an, begrüßen Sie den Tag mit ansteckender Lebensfreude. Schaffen Sie eine Atmosphäre um sich, in der andere sich wohl fühlen.

Werden Sie zu einem Atmosphären-Spezialisten, zu einer Tankstelle der Lebensfreude!

Wenn sich Menschen in Ihrer Umgebung wohler fühlen, als sie sich gefühlt haben, bevor sie mit Ihnen in Kontakt kamen, werden diese immer mehr Ihre Nähe suchen wollen. Sie werden weiter empfohlen und Ihr Beziehungsnetzwerk immer mehr erweitern. Sie brauchen niemanden mehr hinterherzulaufen, die Menschen laufen Ihnen nach!

Beruf

Beruf kommt von Berufung. Das Wort setzt sich zusammen aus BE und RUFung. BE steht für das englische Sein (Wer bin ich?) und der RUF, also Ihre ganz persönlichen Fähigkeiten, Talente und Stärken, die Sie dazu nutzen sollten, um anderen Menschen zu helfen.

Wenn ich Menschen frage, was sie beruflich machen, dann bekomme ich oft die Antwort: »Mein JOB ist ...«. JOB ist ein Akronym, kommt aus dem amerikanischen und heißt: **J**ust **O**ver **B**roke, was so viel bedeutet wie, »noch nicht pleite«. Wer schnell Geld braucht, macht einen JOB. Die Amerikaner sagen, wenn sie einer Berufung nachgehen: »My Profession is ...!«. Manche sagen sogar »My Profession is my Passion!« – Meine Berufung ist meine Leidenschaft!

Machen Sie sich Ihre einzigartigen Fähigkeiten, Stärken und Talente bewusst und setzen Sie diese möglichst zum Nutzen anderer Menschen ein. Erfolgreiche machen so aus ihrem Beruf ein Hobby und könnten 24 Stunden damit verbringen.

Finanzen

Wir werden nicht reich, von dem, was wir verdienen, sondern was wir behalten! Und wenn wir den Spruch von Artur Schopenhauer auf das Geld übertragen, dann lautet dieser:

»Geld ist nicht alles, aber ohne Geld ist alles nichts!«

Es gibt unendlich viele Menschen, die am Ende des Geldes noch viel Monat übrig haben. Genau diejenigen kaufen von dem Geld, was sie nicht haben, Dinge, die sie nicht brauchen um Menschen zu imponieren, die sie nicht mögen ...

Wer mehr Geld ausgibt, als er verdient, wird nie reich. Erfolgreiche investieren in ihre Vermögenswerte, Arme kümmern sich um ihre Ausgaben. Erfolgreiche leben in dem Bewusstsein, dass sie immer genügend Geld zur Verfügung haben, als sie zum Leben brauchen. Sie machen einen Finanzplan, halten ihre Unterlagen auf dem Laufenden und überlegen, wie Sie Kosten sparen und die Gewinne erhöhen können.

Sinn des Lebens

Der fünfte Lebensbereich ist für viele Menschen schwer greifbar. Deshalb machen sich die wenigsten darüber Gedanken, was ihr persönlicher Sinn im Leben ist.

Es gibt nicht den Sinn des Lebens; jeder Mensch hat einen individuellen Sinn. Wer sich mit seinen Fähigkeiten, Talenten und Stärken auseinandersetzt, wird sich seiner Aufgabe bewusst. Im Wort Aufgabe steckt GABE – also die Fähigkeiten, Talente und Stärken.

Nutzen Sie Ihre **BeGABungen**, machen Sie sich stets bewusst, bei allem was Sie tun, ob das für Sie, aber vor allem auch für andere einen Sinn macht.

Die Lebensbereiche in Balance

Grundsätzlich gibt es keinen Menschen, der sich nicht innerhalb der fünf Lebensbereiche in einem Wachstumsprozess befindet. Entweder hat er ein Problem oder verfolgt ein Ziel, je nach Charakter. Doch alle Menschen möchten, bewusst oder unbewusst, glücklich und erfüllt leben. Keiner steht morgens auf und wünscht sich Pech und Unglück. Glück und Erfüllung sind nur machbar, wenn alle Lebensbereiche in Balance, im Gleichklang sind!

MOTIVATIONSNEWS

JÜRGEN HÖLLE
ACADEMY

Dauerhaft und immer wieder neues Know-how, Tipps und Informationen, wie Du ein erfolgreiches Leben führen kannst, erhältst Du, wenn Du Dich vollkommen kostenfrei für meine Erfolgs- und Motivationsnews einträgst.
Eine Kostprobe findest Du unter:

www.motivationsnews.de

Erfolgreiche machen, was sie lieben und ihnen Spaß macht!

Montagmorgen, eine Stadt in Deutschland. Menschen mit hängenden Köpfen und schleifenden Armen auf dem Weg zur Arbeit. Es riecht nach »verbranntem« Fleisch … Kennen Sie das?

Stellen Sie sich einmal vor solch einem Menschen hin, lächeln Sie ihn an und begrüßen Sie ihn mit hochgestrecktem Daumen: »Einen wunderschönen guten Morgen!« – Den haut's um! Er denkt: »Der nimmt bestimmt Drogen!« oder »Welche bewusstseinserweiternden Mittel hat der den eingenommen?«.

Erfolgreiche Menschen machen, was sie lieben und ihnen Spaß macht!

Sie gehen mit spielerischer Leichtigkeit an die bevorstehenden Aufgaben ran und freuen sich auf die zu erwartenden Ergebnisse – egal, ob privat, beruflich oder sportlich.

Sie haben für sich beschlossen, dass sie Sicherheit gegen Freiheit tauschen, weil sie wissen, dass das die Voraussetzung für ein selbstbestimmtes Leben ist!

Was lieben Sie?

Was macht Ihnen Spaß?

Was würden Sie tun, auch wenn Sie dafür kein Geld bekämen und welche Möglichkeiten gibt es, dass Sie dafür bezahlt werden?

Das englische Wort »Attitude« heißt übersetzt Einstellung.
Wenn Sie die Buchstaben aus dem Alphabet
dazu addieren, also A = 1, T = 20 usw., dann erhalten
Sie die Zahl 100 –

100 Prozent-Einstellung!

Alles, was Sie mit 100 Prozent Begeisterung tun, besser sind sogar 110 Prozent, wird Ihnen Spaß machen und Sie werden es lieben.

Es ist Mitternacht, ich könnte schon längst im Bett liegen. Morgen früh ist um sechs Uhr die Nacht wieder vorbei, trotzdem sitze ich an meinem Computer und schreibe dieses Buch – weil ich es liebe und die Vorstellung mir Spaß macht, dass sich daran Menschen erfreuen werden!

Morgens um sechs laufe ich meine 5 km-Runde, ganz gleich, was für ein Wetter oder, ob es noch dunkel ist – weil ich es liebe und mir Spaß macht!

Um zehn Uhr ist Seminarbeginn. Manche Teilnehmer haben noch den Abdruck ihres Kissens im Gesicht, manche lächeln schüchtern, manche schauen skeptisch, ich freue mich auf diesen Tag – weil ich es liebe und weil es mir Spaß macht!

19 Uhr: Ich bin zu Hause, meine Tochter ist noch wach. Sie freut sich, ich freue mich, wir spielen gemeinsam, lachen, tanzen, scherzen – weil wir es lieben und weil es uns Spaß macht!

Meine Frau macht eine Flasche trockenen, spanischen Rotwein auf, die Kleine schläft. Wir sitzen gemeinsam auf dem Sofa, reden (meine Frau mehr …), lachen und scherzen. Wir genießen das Hier und Jetzt, den Rotwein, die Gemeinsamkeit und Harmonie, schauen in die Zukunft und planen das Morgen – weil wir uns lieben und gemeinsam Spaß haben!

Der leider viel zu früh verstorbene, legendäre Gründer und CEO von APPLE, Steve Jobs, sagte einmal:
»Deine Zeit ist begrenzt, verschwende sie nicht damit, das Leben eines anderen zu führen. Lass nicht zu, dass dich ein Dogma beherrscht – also, die Ansichten eines anderen dein Leben bestimmen. Lass deine eigene, innere Stimme nicht vom Gelärme der Meinungen anderer übertönen. Und, was das Wichtigste ist: Habe den Mut, deinem Herzen und deiner Intuition zu folgen. Irgendwie wissen diese beiden immer schon, was du eigentlich werden willst. Alles andere ist nebensächlich!«

Und schon Konfuzius sagte vor über 2.500 Jahren: »Tue, was du liebst und du wirst nie wieder arbeiten!«

Haben **SIE MUT**, das zu **TUN**, was **SIE LIEBEN** und **IHNEN SPASS** macht!

Erfolgreiche haben einen Orientierungssinn!

98 Prozent der Menschen haben keine schriftlichen Ziele und somit keine Orientierung – sie laufen sprichwörtlich ziellos umher!

Das Prinzip der Resonanz besagt, dass alles, worauf wir uns konzentrieren, wächst.
Doch die meisten Menschen wissen, was sie nicht wollen und wundern sich dann, dass genau Das in ihr Leben eintritt.

Machen Sie es wie die restlichen zwei Prozent der Menschen: Schreiben Sie sich Ihre Ziele auf – in allen Lebensbereichen! Wenn Sie wissen, was Sie möchten, werden Sie das bekommen, was Sie wirklich wollen. Sie ziehen immer das in Ihr Leben, worauf Sie zielen.

Schreiben Sie sich 10 bis 12 Jahresziele (innerhalb der fünf Lebensbereiche) auf.

Ziele müssen messbar und machbar sein. Ein Ziel, dass kein Datum hat, ist ein Wunsch. »Irgendwann fahre ich diesen Wagen, wohne ich in solch einem Haus, habe weniger Gewicht« sind Wünsche. Zielorientiert formuliert ist:
»Am 31. Mai 2013 fahre ich den schwarzen 5er BMW TDI in Lederausstattung mit 20-Zoll-Felgen!«, oder:
»Im September 2015 ziehe ich mit meiner Familie in unser 200 qm großes Traumhaus mit Hanglage und Swimmingpool!« oder:

»Am 15. Dezember 2013 wiege ich 55 Kg und halte mein Gewicht konstant!«

Wenn Sie Ihre Ziele so formulieren, können am 15. Dezember all Ihre Freunde zu Ihnen nach Hause kommen und kontrollieren, wie viel Sie wirklich wiegen. Das verpflichtet! Und wenn Sie am 1. Juli 2013 immer noch in Ihrem alten Auto vorfahren, dann werden Ihre Freunde wissen, dass Sie es nicht ernst gemeint haben mit Ihrem Ziel. Oder Sie fahren den 5er BMW und werden den Stolz und den Selbstwert spüren, wenn Ihre Freunde und Bekannten Sie bewundert anlächeln …

Halten Sie sich Ihr wichtigstes Ziel stets vor Augen; besser noch: Schreiben Sie es sich jeden Morgen und Abend auf. Stellen Sie sich vor Ihren Spiegel und lesen sich jeden Tag Ihr Hauptziel laut vor. Besprechen Sie eine CD und lassen Sie diese auf dem Weg in die Arbeit, beim Sport oder im Bad in einer Endlosschleife immer wieder in Ihr Unterbewusstsein einbrennen.

Werden Sie wieder zum Kind – basteln Sie eine Zielcollage, denn Bilder sind stärker als Worte. Sie lösen Emotionen aus, inspirieren und motivieren. Machen Sie ein Zielfoto voller Fantasie und Kreativität, erleben Sie, was dann passiert …

In der Bibel (5. Buch Mose 5.6-9) gab Gott, Mose einen Auftrag: Er sollte die Menschen aus der Gefangenschaft befreien und in ein Land führen, in dem Milch und Honig fließen.

Er sprach zu Mose: »Und diese Worte (Vision, Botschaft), auf die ich dich heute verpflichte, sollen in deinem Herzen geschrieben stehen. Und du sollst sie deinen Kindern einschärfen. Du sollst von ihnen reden, wenn du zu Hause sitzt und, wenn du auf der Straße gehst. Wenn du dich zum Schlafen legst und wenn du aufstehst. Sie sollen zum Schmuck auf deiner Stirn werden. Du sollst sie auf die Türpfosten deines Hauses und in deine Stadttore schreiben!«

Jetzt haben Sie eine Orientierung, Sie wissen wohin Sie wollen. Lassen Sie uns deshalb gleich zum nächsten Geheimnis kommen ...

Erfolgreiche träumen große Träume!

Von welchem großen Traum träumen Sie?

Was treibt Sie morgens topmotiviert und in einem Spitzen-zustand aus dem Bett? Bei den meisten Menschen ist es nur die Blase, die sie antreibt, denn wer liegt schon gerne in einem nassen Bett?

Vor einiger Zeit erfüllte sich ein Österreicher seinen großen Traum. Der Salzburger Felix Baumgartner träumte schon als Kind davon, was er nun vor den Augen der Welt vollbrachte. Mit einem Sprung aus der Stratosphäre hat er den Menschen Mut gegeben, an seine Träume zu glauben. Alles ist dem möglich, der glaubt!
Jahrelang hatte sich Felix Baumgartner auf dieses Ereig-nis vorbereitet. Er suchte sich einen Mentor, der diesen Weg selbst schon einmal gegangen war. Dieser Mentor er-mutigte ihn, besser zu werden, als der Mentor selbst. Er stellte sich ein exzellentes Team zusammengestellt und schaffte es:
Den verrücktesten Sprung in der Geschichte der Mensch-heit. Fast 37 Kilometer in den Himmel aufsteigen, um sich dann aus der Stratosphäre im freien Fall Richtung Erde zu stürzen. Als erster Mensch ohne Flugzeug hat er dabei mit Tempo 1100 die Schallmauer durchbrochen …

Machen Sie sich eine Traumliste. Schreiben Sie sich alles auf, wovon Sie träumen. Bereiten Sie sich jeden Tag darauf vor. Suchen Sie sich Mentoren, die Ihnen Ihren Weg zu Ihrem Traum wirklich zeigen können.

Erfolgreiche Menschen sitzen nicht zu Hause und beklagen sich, warum die anderen vorwärtskommen und sie gerade nicht. Erfolgreiche Menschen konzentrieren sich darauf, was in ihrem Herzen brennt. Sie versorgen ihren Traum ständig mit Sauerstoff, damit das Feuer nicht erlischt. Sie entfachen ihren Traum jeden Morgen aufs Neue. Sie wissen, es liegt an ihnen selbst, nie an den Umständen. Umstände lassen sich umstellen, wenn man es wirklich will. Erfolgreiche schreiten zur Tat, weil sie sich Resultate wünschen. Darum heißt es ja RESULTAT.

Erfolgreiche Menschen träumen große Träume.
Entschlossene Menschen kommen ins TUN.
Darum heißt das Ergebnis auch ResulTAT.

Schauen Sie sich einmal den Film »Und das beste kommt zum Schluss« mit Jack Nicholson und Morgen Freeman an. Machen Sie sich auch eine Löffel-Liste. Eine Liste von großen Träumen, die Sie erreichen wollen, bevor Sie den »Löffel abgeben«!

Haben Sie keine Angst vor großen Aufgaben und Träumen! Verlieren Sie nie den Respekt, aber gehen Sie es entschlossen an.

Ich hatte immer den großen Traum, vor tausenden von Menschen zu sprechen. Ich malte mir im Kopf aus, wie sie begeistert, applaudieren und mich mit Standing Ovations wertschätzten. Ich hatte nie eine Rhetorik-Ausbildung (Das hören Sie heute noch an meinem fränkischen Dialekt), dennoch liegt mir das Reden im Blut. Ich trage das Herz auf der Zunge und wie drückt es Karl Pilsl aus, der großartige Umdenkexperte: »Wessen Herz voll ist, dessen Zunge quillt über!«

Das einzige, was zählt, ist Intuition und Freude!

Böse Zungen behaupten, dass die Arche Noah von Bauern gebaut wurde, die Titanic aber von Ingenieuren ...

Dazu ein kleiner Witz:
Bei einem Klassentreffen erschien der Klassenprimus mit einem Fahrrad. Der staunt nicht schlecht, als der schlechteste Schüler der Klasse mit einem Bentley vorfuhr. Ungläubig fragt der Klassenprimus: »Wie hast du das nur geschafft, so viel Geld zu verdienen und ein solch schönes Auto fahren zu können?« »Nun«, antwortet der ehemals Klassenschlechteste, »Ich kaufe mehrere hunderttausend Kugelschreiber im Jahr zu einem Euro das Stück, verkaufen tue ich sie aber zu je fünf Euro und von diesen vier Prozent lebe ich!«

In Ihrem wunderbaren Buch »Rückkehr der Liebe« findet die US-Autorin Marianne Williamson folgende Worte:
»Du bist ein Kind Gottes. Wenn du dich klein machst, hilft dies der Welt in keinster Weise. Es liegt überhaupt keine Erleuchtung darin, zu schrumpfen und sich klein zu machen, damit sich andere Menschen um dich herum nicht unsicher fühlen. Wir alle sind dafür bestimmt, uns hervorzuhe-

ben, wie es die Kinder machen. Wir wurden geboren, um den Ruhm Gottes zu offenbaren, der in uns ist. Der Ruhm Gottes ist nicht in einigen wenigen von uns. Er ist in jedem von uns. Und in dem Maße, wie wir unser eigenes Licht leuchten lassen, gestatten wir unbewusst anderen Menschen, dies auch zu tun. In dem Maße, wie wir von unserer eigenen Furcht befreit werden, befreit unsere Gegenwart automatisch auch andere!«

Träumen Sie große Träume! Es ist Ihr Geburtsrecht und das aller Menschen!
Verwirklichen Sie Ihre Träume, Sie sind es sich wert!
Träumen Sie nicht Ihr Leben, leben Sie Ihre Träume!

POWER-DAYS

Hast Du schon einmal mein Intensiv-Seminar POWER-DAYS besucht?
Falls nein, dann ist das etwas, das ich Dir wärmstens ans Herz lege.
Informiere Dich unter:

www.power-days.info

Dort kannst Du Dich auch direkt zu
Deinem Wunschtermin anmelden.

6. GEHEIMNIS

Erfolgreiche entwickeln ihre einzigartigen Fähigkeiten und Talente!

Jeden Morgen stehen Menschen auf und gehen in die Arbeit. Jedes Mal nehmen sie ihre Schatztruhe voller Potential mit und kommen jeden Abend wieder ungeöffnet nach Hause, weil sie nicht ihre Talente und Fähigkeiten ausleben konnten oder durften.

Weder der Chef, noch sie selbst sind sich ihrer Möglichkeiten bewusst geworden und haben so wieder einen Tag verbracht, ohne die vorhandenen Ressourcen zu aktivieren.

Als ich 21 Jahre jung war, ging ich einmal auf ein Seminar zur Entwicklung der eigenen Persönlichkeit. Der Trainer gab uns Teilnehmern am Anfang gleich eine Aufgabe: Wir sollten 200 Stärken aufschreiben und zwar unsere eigenen! Ich war völlig erschlagen. Da gehst du freiwillig auf ein Seminar, gibst ein Haufen Geld aus und dann soll ich von mir selbst auch noch 200 Stärken aufschreiben. »Allein, wenn ich das schaffen würde, wäre es nicht zu angeberisch, wenn ich nur Stärken von mir benennen würde?« dachte ich. So saß ich vor dem leeren Blatt Papier. Der Trainer blickte über meine Schulter und sagte: »Na, fällt Ihnen nichts ein?« »Nein, keine einzige!« antwortete ich. »Eins können Sie gleich aufschreiben – babbeln!« Er war Hesse und mit »Babbeln« meinte er Sprechen. »Seit ich Sie heute Morgen kennen gelernt habe, sind Sie am Babbeln, das ist doch schon einmal, eine Stärke!«

Ich erinnerte mich an eine Familienfeier – ich war etwa 14 oder 15 Jahre alt. Da schimpfte mich meine Tante, dass ich doch endlich mal den Mund halten sollte; ständig sei ich im Mittelpunkt und muss bei allem mitreden. Ich tat, wie mir geheißen und redete nichts mehr. Etwa zehn Minuten später kam mein Onkel auf mich zu und fragte: »Bist du krank? Du sagst ja gar nichts mehr?« Versteh einer die Erwachsenen, dachte ich mir. Doch jetzt im Seminar wurde mir klar, dass die vermeintliche Schwäche unter Umständen sogar eine Stärke sein konnte.

Seit diesem Seminar sind über 20 Jahre vergangen. Die 200 Stärken hatte ich tatsächlich aufgeschrieben und die erste Stärke war reden können. Erstaunlicherweise verdiene ich heute mit Seminaren und Vorträgen mein Geld und wurde zum Top Speaker ausgezeichnet!

Im dritten Geheimnis stellte ich die Frage, was Sie tun würden, wenn Sie kein Geld dafür bekämen. Ich würde auch reden, ohne dafür bezahlt zu werden und irgendwie habe ich mir durch das Bewusstwerden meiner Stärken, aus (m)einem Hobby, (m)einen Beruf gemacht.

Deshalb empfehle ich Ihnen: Schreiben Sie sich unbedingt Ihre Stärken auf. Es müssen ja nicht gleich 200 sein (warum eigentlich nicht, SIE sind doch etwas Besonderes, oder?). Da fällt mir spontan eine Geschichte ein:

Ein bekannter Sprecher begann sein Seminar, indem er einen 500 Euro Geldschein hoch hielt. In dem Raum saßen etwa 200 Leute. Er fragte: »Wer möchte diesen Geldschein haben?« Alle Hände gingen hoch. Er sagte: »Ich werde diesen 500 Euro Schein jemandem geben, aber zuerst lasst mich eins tun:«

Er zerknitterte den Geldschein. Dann fragte er: »Möchte ihn immer noch einer haben?« Die Hände waren immer noch oben. »Also«, erwiderte er: »Was ist, wenn ich das tue?«

Er warf den Geldschein auf den Boden und rieb ihn mit seinen Schuhen am dreckigen Untergrund. Er hob ihn auf. Er war zerknittert und völlig dreckig. »Nun, wer möchte ihn jetzt noch haben?« Immer noch waren alle Arme in der Luft.

Dann sagte er: »Liebe Freunde, wir haben soeben eine sehr wertvolle Lektion gelernt. Was auch immer mit dem Geldschein geschah, ihr wolltet ihn haben, weil er nie an Wert verloren hat. Er war immer noch und stets 500 Euro wert. Es passiert manchmal in unserem Leben, dass wir abgestoßen, zu Boden geworfen, zerknittert und in den Dreck geworfen werden. Das sind Tatsachen aus dem alltäglichen Leben. Dann fühlen wir uns, als ob wir wertlos wären. Aber ganz gleich was passiert ist oder was passieren kann: DU wirst gebügelt, DU bist immer noch unbezahlbar für all jene, die dich über alles lieben. Der Wert unseres Lebens wird nicht durch das bewertet, was wir tun oder wen wir kennen, sondern dadurch, WER DU BIST!

Du bist etwas Besonderes – vergiss das NIEMALS!«

Wenn Sie Mitarbeiter haben, Familie, Freunde, ja sogar Kinder, dann helfen Sie auch diesen, ihre Talente und Fähigkeiten zu entdecken.

Der Erfolg des Apple-Gründers Steve Jobs hat einen Namen: ABC-Mitarbeiter. Er investierte sich in seine Mitarbeiter, doch er stellte stets nur A-Mitarbeiter ein – solche, die schon an ihren Stärken arbeiteten und dankbar für Entdeckungen (aus ihren Schatztruhen) waren.

Aus dem noch zu Lebzeiten erschienen Buch »Steve Jobs – iLeadership: Mit Charisma und Coolness an die Spitze" hat Prof. Dr. Jörg Knoblauch, dem führenden Managementvordenker und Personalexperten für den Mittelstand, die besten Tipps seines Personal- Managements zusammengestellt:

10 Tipps um die besten Mitarbeiter zu finden

1. »Eines der Kernprinzipien von Steve Jobs war, stets nur die Besten einzustellen – die ›A-Leute‹, wie er sie nannte. Sein Motto war: »Sobald du jemanden aus der B-Kategorie einstellst, fängt der an, andere Bs und C's ins Boot zu holen."

2. Zur Kategorie A-Mitarbeiter konnte so ziemlich jeder gehören, so lange er nur genug Talent hat. Hierzu gehörten auch Studenten, die noch auf der Highschool oder Universität waren.

3. Stellen Sie Menschen aus fremden Branchen ein, wenn diese Ihr Produkt/Ihr Team entscheidend weiterbringen können. Bei Apple stellte man nach Jahren das erste Mal jemand technologiefremden aus dem Bankwesen ein, weil diese Dame sich so hartnäckig bewarb, bis man ihr zuhörte. Sie erklärte dann, wie ein bestimmtes Apple-Produkt für jeden Banker interessant sein könnte und erschloss somit neue Zielgruppen.

4. Machen Sie als Chef herausragenden Talenten den Hof. Steve Jobs umwarb (als seine Firma noch unbekannt war) einige Talente mit einer dramatischen, spannenden Geschichte, was für eine Bedeutung sein Unternehmen in der Zukunft haben würde und welchen Anteil das Talent daran haben könnte.

5. Steve Jobs suchte Mitarbeiter, die den Mut hatten, anders und unkonventionell zu sein und Grenzen zu überschreiten.

6. Steve Jobs versuchte stets, die größten Talente für eine Sache ausfindig zu machen, um sie dann, wenn nur irgendwie möglich, anzuheuern.

7. Der Lebenslauf eines potenziellen Mitarbeiters hatte nur wenig Bedeutung. Viel wichtiger waren bisherige Arbeitsergebnisse, Empfehlungen anderer Mitarbeiter, Enthusiasmus für das Produkt und ein klares Statement, was der Bewerber zum Team beisteuern kann.

8. Stellen Sie sicher, dass Ihre Einstellungskriterien in der ganzen Organisation angewandt werden. Legen Sie gemeinsam die Werte Ihres Unternehmens fest. Nur Mitarbeiter, die zu diesen Werten stehen, werden eingestellt. Wenn externe Personalberater mit arbeiten, dann ist es deren oberste Pflicht, sich ebenfalls daran zu halten. Apple arbeitete lange und intensiv an einem Schriftstück über die »Werte von Apple".

9. Locken Sie Talente mit Ihren außergewöhnlichen Produkten, Ihrer außergewöhnlichen Unternehmenskultur etc.

10. Das Beste daran, gute Leute zu finden, ist, dass diese Mitarbeiter Ihre besten Personalvermittler werden. Sie sind die Mitarbeiter, bei denen es am wahrscheinlichs-

ten ist, dass sie andere kennen, die die gleichen Werte und den gleichen Stil haben, den auch Sie selbst haben. Dies kann auch durch ein finanzielles Anreiz-System zusätzlich gefördert werden.

Apple-Produkte erfreuen sich heute einer so großen Beliebtheit, dass die Kunden bei Erscheinen eines neuen Produkts, vor den Apple-Stores campieren, um die ersten Käufer bei Ladenöffnung zu sein ...

Erfolgreiche Menschen entwickeln ihre einzigartigen Fähigkeiten und Talente. Und sie investieren sich auch in andere. Erfolgreiche Menschen sind wahre Menschenexperten. Wer Selbsterkenntnis betreibt, erhält eine Fülle an Menschenkenntnis! Erfolgreiche Menschen halten es nach dem goldenen Widerspruch:

»Wenn du aufhörst, das zu bekommen, was du willst, und anderen das gibst, was sie wollen, dann bekommst du, was du willst!«

Öffnen Sie Ihre Schatztruhe voller Fähigkeiten und Talente, nutzen Sie Ihr Potential und helfen Sie anderen, ebenfalls, ihre Schatztruhen zu öffnen.

»Zähle deine Segen, nicht deine Probleme.
Fürchte nie, etwas Neues zu versuchen.«
Unbekannt

Erfolgreiche verpflichten sich zu Spitzenleistungen!

Tun Sie, was Sie können und geben Sie immer mehr, als Sie können – am besten, Sie geben immer Ihr Bestes!

Erfolgreiche Menschen verpflichten sich in jeder Hinsicht zu Spitzenleistungen. Sie sind der Gestalter ihres Lebens, ihrer Zukunft. Die persönliche Einstellung erfolgreicher Menschen ist eine positive Geisteshaltung, die auf Wachstum, Erfolg, Gewinn, Harmonie und Gesundheit ausgerichtet ist.

Charles R. Swindoll, amerikanischer Pastor und Buchautor, fand folgende, bemerkenswerten Worte:
»Je länger ich lebe, desto mehr begreife ich die Wirkung, die unsere persönliche Einstellung auf unser Leben hat. Persönliche Einstellung ist für mich wichtiger als Tatsachen.
Sie ist wichtiger als die Vergangenheit, als Erziehung, als Umstände, als Geld, als Erfolg, als das, was andere Menschen sagen oder tun. Sie ist wichtiger als Aussehen, Begabung oder Können!
Persönliche Einstellung ist das A und O für eine Firma ... eine Gemeinde ... eine Familie ...
Bemerkenswert daran ist, dass wir jeden Tag neu entscheiden können, in welcher Einstellung wir den Tag beginnen wollen.
Wir können die Vergangenheit nicht ändern.
Wir können auch die Tatsache nicht ändern, dass Menschen in einer bestimmten Weise handeln werden.

Wir können nur eins tun, auf der einzigen Saite spielen, die wir haben, und das ist unsere persönliche Einstellung …

Ich bin davon überzeugt, dass mein Leben zu 10 Prozent aus dem besteht, was mir geschieht und zu 90 Prozent aus dem, wie ich darauf reagiere.
Das gilt auch für dich: Wir können unsere persönliche Einstellung kontrollieren!«

Entdecken Sie die Möglichkeiten, nicht mehr nur zu reagieren, sondern zu agieren, zu gestalten!
Eignen Sie sich die Einstellung erfolgreicher Menschen an und verpflichten Sie sich zu Spitzenleistungen.

In meinen Seminaren frage ich hin und wieder alle Teilnehmer, wie viele Liegestützen sie aus dem Stand machen könnten. Meist sind es dann so zwischen fünf und zehn Wiederholungen.
Wenn nun jemand gerade fünf Liegestützen schafft, und sich zu Spitzenleistungen verpflichtet hat, schafft er nach einer kurzen Verschnaufpause sechs. Nach einer weiteren Pause sieben und wenn er noch Luft hat, sogar zehn. So trainiert er jetzt täglich und erhöht damit seine Leistung. Erst waren es fünf, dann zehn, dann 15, 20 und 25. Vier Wochen Training und der Teilnehmer kann 50 saubere Liegestütze – am Stück!
Machen Sie sich das bewusst. Nach nur vier Wochen hat dieser Teilnehmer seine Leistung verzehnfacht!

Und nun stellen Sie sich vor, so jemand arbeitet an seiner Fähigkeit, Geld zu verdienen. Glauben Sie nicht auch, dass

Ihr Einkommen zu verzehnfachen ist? Allein schon die Überlegung, wenn Ihr Jahreseinkommen plötzlich zum Monatseinkommen werden würde …

Bei der Olympiade in London wurden viele neue Weltrekorde gebrochen. Aber am meisten beeindruckten mich die Paralympics-Sportler. Da gab es Menschen mit erheblichen körperlichen Behinderungen, welche Leistungen erbracht haben, die so mancher bei bester Gesundheit und körperlicher Verfassung nie schaffen würde! Allein, wenn ich die Geschichte hinter diesen Sportlern hörte, beeindruckte mich die positive Geisteshaltung jener, die sogar davon überzeugt waren, dass sie gerade wegen ihrer Behinderung heute ein glücklicheres und erfüllteres Leben führen.

Spitzenleistungen, das muss sich auch der liebe Gott gedacht haben, als er die Welt erschaffen hat. Sieben Tage gab er uns Menschen, an denen wir sechs Tage arbeiten sollten und einen Tag ruhen – nicht umgekehrt! Auch keine fünf Tage, obwohl man sich bestimmt auch mal irren kann, wenn man so eine Welt erschafft …
Sechs Tage Spitzenleistung und einen Tag ruhen. An diesem Tag, die letzten sechs Tage Revue passieren lassen und sich für die nächsten sechs Tage vorbereiten.

Ich persönlich liebe sportliche Wettkämpfe! Wenn ich morgens Laufen gehe, dann meist im »Wohlfühl-Tempo«. Doch bei einem Wettkampf kann ich mich mit anderen messen, meine Leistung abrufen und bis an die Grenze des zurzeit machbaren gehen. So kann ich dann meine

»Komfortzone« immer mehr erweitern und dadurch auch immer besser werden.

Ein Verkäufer erkennt an einer Rangliste, wo er umsatztechnisch derzeit steht. Wer oben ist, bringt meist Spitzenleistungen. Erfolg hinterlässt immer Spuren. Das Gesetz der großen Zahl lässt sich auch hier erkennen: Wenn ein Spitzenverkäufer jeden Tag fünf Verkaufsgespräche führt, dann wird er bei 200 Verkaufstagen insgesamt 1.000 Verkaufsgespräche geführt haben. So einer steht an der Spitze der Rangliste. Diejenigen, die unten stehen, haben jetzt natürlich tausend Ausreden.

Verpflichten Sie sich zu Spitzenleistungen, sagen Sie JA zu Ihrer Gesundheit, Ihrer Familie, Ihrem Beruf, Ihren Finanzen und Ihrem Sinn im Leben. Lassen Sie keine Ausreden mehr zu – Sie können mehr, wenn Sie stets Ihr Bestes geben!

UND IMMER WIEDER AUFSTEHEN!

JÜRGEN HÖLLER ACADEMY

Möchtest Du gerne mal hinter die Kulissen blicken?
Das Leben von mir, Jürgen Höller, so richtig durchleuchten?
Meine ganze Geschichte kannst Du in meinem Buch „Und immer
wieder aufstehen" nachlesen. Dieses Buch findest Du als
kostenfreien Download unter:

www.und-immer-wieder-aufstehen.de

Erfolgreiche haben
eine Workaholic-Mentalität!

Workaholic ist ein Kunstwort, welches sich aus dem englischen Wörtern work (Arbeit) und alcoholic (alkoholabhängig) zusammensetzt und so übersetzt, Arbeitssucht heißt. In erster Linie sind damit Menschen gemeint, die überdurchschnittlichen Arbeitseinsatz zeigen, der mehr und mehr zu einem krankhaften Suchtverhalten führt.

Mit einer Workaholic-Mentalität meine ich allerdings, dass Erfolgreiche härter, besser und klüger arbeiten. Sie wissen um das 2. Geheimnis des Erfolgs – der Balance in den fünf Lebensbereichen. Sie folgen nur der 40 + – Formel:

Wer pro Woche bis zu vierzig Stunden arbeitet, verdient seinen Lebensunterhalt. Wer mehr als vierzig Stunden arbeitet und zwar effektiver, klüger und besser, wird reich!

Natürlich gibt es einen Unterschied zwischen arbeiten und arbeiten.

Es soll Menschen geben, die gehen in die Arbeit, machen Dienst nach Vorschrift, überziehen die Pausenzeiten und sind oberpünktlich mit der Arbeit fertig. Manche werden in Neudeutsch auch »Nine-to-Fiver« genannt – diejenigen, die um neun Uhr beginnen und um 17 Uhr Feierabend machen.

Erfolgreiche arbeiten, wenn sie arbeiten. Sie sind nicht nur anwesend. Wenn Sie telefonieren, dann telefonieren sie und gehen nicht während des Gesprächs ihre E-Mails durch. Wenn Sie die E-Mails bearbeiten, dann essen sie währenddessen keine Mahlzeit. Bei einer Besprechung machen sie Notizen und versenden keine SMS unter dem Tisch oder surfen im Internet.

Ich besuchte einmal ein Seminar eines Zen-Mönchs. Der fing sein Seminar damit an, dass wir erst einmal ruhig sitzen, atmen, und uns nicht mehr bewegen und vor allem an nichts mehr denken sollten. Nach zehn Minuten sind wir Teilnehmer unheimlich nervös geworden. Versuchen Sie mal, nichts mehr zu denken und sich nicht mehr zu bewegen. Mir schossen tausende von Gedanken durch den Kopf, der Fuß schlief mir ein und innerlich schrie ich laut: »Was soll der Quatsch!«.

Der Mönch erklärte uns dann in aller Ruhe: »Das ist der Unterschied zwischen uns Zen-Lehrern und euch. Wir arbeiten, wenn wir arbeiten. Wir lernen, wenn wir lernen. Wir essen, wenn wir essen.«

Ein Teilnehmer meinte darauf hin, dass wir das auch machen, jeder macht das. Da sagte unser Trainer und Lebenslehrer sehr ruhig und mit Güte in seiner Stimme: »Während ihr schlaft, macht ihr euch schon Gedanken ums Wachwerden. Wenn ihr wach werdet, dann seid ihr in Gedanken schon in der Arbeit. Wenn ihr in der Arbeit seid, dann seid ihr in Gedanken schon in der Freizeit und wenn ihr ins Bett geht, dann sorgt oder macht ihr euch Gedanken über das Morgen. Wenn wir wach werden, dann werden wir wach. Wenn wir unser Bett machen, dann machen wir unser Bett. Wenn wir uns waschen, dann waschen wir uns. Wenn wir frühstücken, dann frühstücken wir. Wenn wir arbeiten, dann arbeiten wir. Wenn wir schlafen, dann schlafen wir. Unsere Gedanken sind genauso wie unser Körper immer im Hier und Jetzt. Einzig als Ausnahme, wenn wir uns über die Vergangenheit freuen oder für die Zukunft einen Plan erstellen. Was aber zählt, ist immer der gegenwärtige Augenblick!«

Stellen Sie sich vor, es gäbe eine Bank, nennen wir sie die Bank des Lebens. Bei dieser Bank haben Sie ein Konto – ein Lebenskonto. Jeden Tag zahlt Ihnen diese Bank pünktlich um 0 Uhr, 86.400 Euro aus. Sie können dieses Geld über den ganzen Tag verteilt nach Herzenslust ausgeben. Sie können es auch sparen oder zu einem guten Zweck spenden. Aber nie mehr, als diese 86.400 Euro. Wenn der Tag sich dem Ende neigt und es wieder 0 Uhr ist, wird Ihnen der Rest des Geldes, welches Sie nicht ausgegeben haben, wieder eingezogen. Auch das Geld, das Sie gespart haben. Doch die Bank des Lebens zahlt Ihnen im gleichen Augenblick wieder 86.400 Euro auf Ihr Lebenskonto. Wie wäre es? Hätten Sie gerne solch ein Konto? Was würden Sie den ganzen lieben langen Tag mit 86.400 Euro machen?

Wenn Ihnen die Vorstellung gefällt, dann habe ich jetzt eine gute Nachricht für Sie: Diese Bank des Lebens gibt es tatsächlich und Sie haben sogar schon ein Konto bei dieser Bank!

Nur zahlt Ihnen die Bank des Lebens keine Euro aus, sondern Zeit – genau 86.400 Sekunden. Jeden Tag hat jeder Mensch 86.400 Sekunden Zeit zur Verfügung, die er ausgeben, sparen oder spenden kann. Und jede einzelne Sekunde kann eine ganz bedeutende, ja sogar entscheidende in Ihrem Lebens sein!

Doch wie nachlässig gehen die Menschen mit ihrer Lebenszeit um? Ein Bekannter sagte einmal zu mir, dass dieser Lebensquatsch ihn nicht interessiert, irgendwie wird er schon seine Arbeit rumkriegen und wenn er dann in Rente geht, fängt er halt da zum Leben an! Die Frage ist nur, ob ein Mensch, wenn er 65 Jahre nicht gelebt hat, weiß, was es dann heißt zu leben? Vor allem mit dem Hintergrund, dass mein Bekannter, zum Zeitpunkt seiner Aussage, gerade mal 37 Jahre jung war …

Es gibt da einen Gedanken, der einen nachdenklich stimmt: Mein bester Freund öffnete die Kommodenschublade seiner Ehefrau und holte ein in Seidenpapier verpacktes Päckchen heraus. Es ist nicht irgendein Päckchen, sondern ein Päckchen mit Unterwäsche darin. Er warf das Papier weg und betrachtete die Seide und die Spitze. »Das kaufte ich, als wir zum ersten Mal in New York waren. Das ist jetzt acht oder neun Jahre her. Sie trug es nie. Sie wollte es für eine besondere Gelegenheit aufbewahren. Und jetzt, glaube ich, ist der richtige Moment gekommen!«
Er näherte sich dem Bett und legte die Unterwäsche zu den anderen Sachen, die vom Bestattungsinstitut mitgenommen wurden. Seine Frau war gestorben.
Als er sich zu mir umdrehte, sagte er: »Bewahre nichts für einen besonderen Anlass auf! Jeder Tag, den du lebst, ist ein besonderer Anlass.«

Wenn Sie dieses Buch lesen, dann haben Sie Geld in Ihre Weiterentwicklung investiert. Ist das Buch für Sie nichts Nutz, dann haben Sie umsonst Geld ausgegeben. Doch Geld können Sie jederzeit wieder verdienen. Etwas viel

Wichtigeres haben Sie ebenfalls investiert: Zeit! Und zwar Ihre Lebenszeit. Ist die verschwendet, können Sie sie nie wiederholen!

Deshalb machen Sie sich bewusst, was es heißt, dass Erfolgreiche eine Workaholic-Mentalität haben:

Zeit ist wertvoller als Geld!

Investieren Sie Ihre Zeit, indem Sie effektiver, klüger und besser arbeiten. Und vor allem: Arbeiten Sie, wenn Sie arbeiten. Dann können Sie auch frei machen, wenn Sie frei haben!

Erfolgreiche umgeben sich mit den richtigen Menschen!

»Wer sich mit Adlern umgeben will, sollte nicht im Ententeich schwimmen!« Dieser Spruch beschäftigt mich sehr.

Bestimmt haben Sie schon einmal die Geschichte mit dem Adler und den Enten gehört. Es gibt unzählige Variationen davon.

Es geht um ein Adlerküken, das bei Enten aufwächst. Es nimmt die Lebensgewohnheiten der Enten an. Es watschelt im Entengang den anderen hinterher. Es schwimmt im Teich und schnattert wie die Enten. Ab und zu blickt es sehnsüchtig in den Himmel und sieht dort einen Adler majestätisch seine Kreise ziehen. Dann wünscht er sich, einmal so frei zu sein und fliegen zu können wie dieser Adler. Doch dann ermahnen ihn die anderen Enten mit aufmunternden Sprüchen, wie: »Schuster bleib bei deinen Leisten, dafür bist du zu klein, dafür bist du zu jung und später dafür zu alt usw.« Und so entschied der Adler, sich seinem Schicksal zu ergeben und weiter eine Ente zu bleiben …

Erfolgreiche Menschen umgeben sich mit den richtigen Menschen. Sie suchen sich Gewinner und Vorbilder.

Als ich mich zu meinem ersten Marathon anmeldete, habe ich vor lauter Vorfreude auch gleich meine ganze Umwelt daran teilhaben lassen. Faszinierend dabei war die Reaktion der Menschen: Da gab es die, die mich sofort als gut gemeinten Rat, von meinem Vorhaben abbringen wollten. Sie erzählten von vielen Entbehrungen, Training und Überwindung. Dass ich dann aussähe wie ein Strich, abgemagert, weil ich vor lauter laufen, Gewicht verliere. Außerdem macht das Laufen die Gelenke kaputt und man wird öfter krank und muss viel Zeit investieren und, und, und …

Ich unterbrach oft den Redeschwall mit der Frage: »Bist du denn schon einmal einen Marathon gelaufen?« Erstaunt bekam ich dann die Antwort: »Nein! Ich würde nicht freiwillig so etwas Verrücktes tun. Aber, man hört und liest viel …«

Ganz anders waren diejenigen, die schon einen Marathon gelaufen sind. Sie ermunterten mich, dass das eine tolle Erfahrung ist und mich in meinem Selbstwert wachsen lässt. Sie zeigten mir Trainingspläne, wie man sich ernähren sollte und welche Kleidung und Schuhe ideal wären. Sie motivierten mich und boten sich an, gemeinsam mit mir zu trainieren.

Das gleiche erleben Sie tagtäglich. Wer sich selbstständig machen will, wird von denjenigen, die die Sicherheit bevorzugen, zurückgehalten. Und die, die bereits selbstständig sind, motivieren und inspirieren.

Wenn ein junger Mann auf eine Frau trifft, die voll und ganz in sein »Beuteschema« passt, wird ihn der eine Freund daran hindern wollen, diese Frau anzusprechen und der andere ihn auffordern zu handeln.

Es gibt drei zentrale Fragen zum Umgang mit Menschen:

1. Wer zählt zu meinem Umfeld?
   Machen Sie sich eine Liste mit den Menschen, mit denen Sie einen Großteil Ihrer Zeit verbringen.

2. Auf welche Weise beeinflussen mich diese Menschen? Was lesen sie? Welches Vokabular verwenden sie? Und vor allem, was machen sie (aus mir)?

3. Ist das in Ordnung? Ist das gut für mich?

Mit Menschen, die wertvoll sind, nutzen und verbringen Sie Ihre Zeit, erweitern Sie Ihr Beziehungsnetzwerk und vertiefen so Ihre Beziehungen. Alle anderen, die Ihnen schaden, lassen Sie (bedingungslos und in Liebe) los!

Wer jetzt denkt, das ist etwas hart in der Vorgehensweise, dem sei Folgendes gesagt:

Behandle alle Menschen genauso, wie du behandelt werden möchtest! Denn: Wie man in den Wald hineinruft, so schallt es zurück.
Wenn Sie angelächelt werden möchten, dann lächeln Sie den andern an!
Wenn Sie freundlich und zuvorkommend behandelt werden möchten, dann seien Sie freundlich und zuvorkommend zu anderen!
Wenn Sie mehr Beachtung für Ihre Ideen haben möchten, dann schenken Sie anderen mehr Beachtung für ihre Ideen!

Machen Sie einfach folgenden Test:

Unternehmen Sie einen morgendlichen Spaziergang. Schenken Sie jedem Menschen, der Ihnen begegnet, ein echtes und freundliches Lächeln. Grüßen Sie ihn mit einem herzlichen und liebevollen »Wunderschönen Guten Morgen!«. Beobachten Sie die Reaktionen!

Am nächsten Morgen unternehmen Sie einen weiteren Spaziergang. Diesmal lächeln Sie nicht und stieren jeden Menschen, der Ihnen entgegenkommt grimmig und mit verschlossenem Mund an.

Vergleichen Sie nun beide Tage. Wie oft wurden Sie unterwegs angelächelt und gegrüßt? Mit wie vielen Menschen sind sie in Kontakt getreten und in ein Gespräch gekommen? Wie ist der ganze Tag für Sie verlaufen? Welcher der beiden Tage hatte für Sie mehr motivierende und positivere Erfahrungen gebracht?

Vermutlich kennen Sie die Lösung, auch wenn Sie den Test nicht gemacht haben, oder?

Richtige Menschen sind pure Energie! Sie bereichern unseren Alltag. Sie sind wahre Atmosphären-Spezialisten! Suchen Sie sich solche Menschen und vor allem: Werden Sie selbst einer!

Stellen Sie sich folgende Fragen und geben Sie sich die Antworten:

Wer sind Ihre drei Vorbilder?

1. _____
2. _____
3. _____

Warum?

1. _____
2. _____
3. _____

Wen bewundere ich?

_____

_____

Wer möchte ich sein?

_____

_____

Wer entspricht meiner Idealvorstellung?

_____

_____

Sie sind auch Energie und Menschen suchen die Nähe zu Gewinnen! Umgeben Sie sich mit den richtigen Menschen und vor allem: Seien Sie selbst der richtige Mensch für andere!

Erfolgreiche Menschen sind unerschütterliche Optimisten!

Eines Morgens saß ich in meinem Büro, da klingelte das Telefon. In Vorfreude auf ein motivierendes Telefonat meldete ich mich mit: »Kaufmann Institut, Alexander Kaufmann – einen wunderschönen guten Morgen!«.

Stille in der Leitung. Ich: »Hallo …«. Dann kam ein knurriges »Was zum Teufel ist an diesem Morgen wunderschön? Hast du schon mal zum Fenster rausgeschaut?«

Ich erkannte meinen Freund, schaute zum Fenster hinaus und stellte fest, dass es Bindfäden regnete. Ich antwortete: »Es regnet; scheint wohl die Sonne mal wieder über den Wolken!« Da brüllte er durchs Telefon: »Du mit deinem verdammten Optimismus!«

Ein Optimist ist ein Mensch, der alles halb so schlimm oder doppelt so gut findet.   *Heinz Rühmann*

Sobald ein Optimist ein Licht erblickt, das es gar nicht gibt, findet sich ein Pessimist, der es wieder ausbläst.
                                        Giovanni Guareschi

Nur Pessimisten schmieden das Eisen, solange es heiß ist. Optimisten vertrauen darauf, dass es nicht erkaltet.
                                        Peter Bamm

Der Optimist hat nicht weniger oft unrecht als der Pessimist, aber er lebt froher.   *Charlie Rivel*

Der Optimist ist ein Mann, der Kreuzworträtsel sofort mit dem Kugelschreiber ausfüllt. *Karl Farkas*

Optimisten haben gar keine Ahnung von den freudigen Überraschungen, die Pessimisten erleben. *Peter Bamm*

Ein Pessimist zu sein hat den Vorteil, dass man entweder ständig Recht behält oder angenehme Überraschungen erlebt. *George Will*

Ein Pessimist ist ein Optimist, der nachgedacht hat.

Anonym

Der Optimist erklärt, dass wir in der besten aller Welten leben, und der Pessimist fürchtet, dass dies wahr ist.

James Branch Cabell

Ein Optimist ist ein Mensch, der ein Dutzend Austern bestellt, in der Hoffnung, sie mit der Perle, die er darin findet, bezahlen zu können. *Theodor Fontane*

Pessimismus wird nur von den Optimisten verbreitet. Die Pessimisten sparen ihn für schlechtere Zeiten auf.

Gabriel Laub

Ich liebe diese Zitate. Sie beschreiben auf herrliche Weise, dass der Optimist grundsätzlich positiv programmiert ist. Toni Polster, österreichischer Fußballer sagte einmal: »Ich bin Optimist, sogar meine Blutgruppe ist positiv!« Und der Psychologe und Buchautor Prof. Dr. Martin Seligman hat herausgefunden, dass Optimismus erlernbar ist. Er meinte ebenso, dass Juristen den schlimmsten, miesepetrigsten Beruf haben. Ihr Gehirn wurde darauf programmiert, pessimistisch zu sein.

Stellen Sie sich so einen Menschen vor. Dieser muss 16 Stunden am Tag alles anzweifeln, denkt permanent kritisch, sieht hinter jeder Formulierung einen Haken. Wenn dieser Mann nach einem Arbeitstag nach Hause kommt und seine Frau ihn freudig begrüßt: »Schön, dass du da bist!«, dann grübelt der die ganze Nacht darüber nach, wo da der Haken wohl ist …

Hier ist eine Aufgabe, die Ihrem persönlichen Optimismus in gigantische Ausmaße wachsen lassen wird:

Nehmen Sie Ihr Hauptziel (aus dem 4. Geheimnis) und stellen Sie sich die Frage: »Warum will ich dieses Ziel erreichen?«

Jetzt schreiben Sie sich 20 Antworten auf diese Frage auf!

Warum?

Weil Sie ganz schnell drei bis vier Antworten finden werden. Aber um die restlichen 16 Antworten aufzuschreiben, müssen Sie tief, sehr tief in Ihrem Unterbewusstsein graben! Es kann dauern, bis Sie alle 20 Antworten aufgeschrieben haben. Doch wenn Sie diese Übung machen, wird es bei der zwanzigsten (oder vielleicht auch schon früher) »Wuummms« machen – und Sie haben den echten, wahren Grund herausgefunden, WARUM SIE ausgerechnet dieses Ziel erreichen möchten.

Von diesem Moment an, sind Sie nicht mehr aufzuhalten. Sie werden Vollgas geben, dass selbst der pessimistischste

Pessimist verstummt. Sie werden mit einem Eifer und viel Energie an Ihr Werk gehen, sodass Ihre Umwelt Sie fragen wird, woher Sie nur die Power nehmen.

Ich garantiere Ihnen: Wenn Sie diese Übung machen, dann lernen Sie mehr, Sie probieren mehr aus und Sie werden nie locker lassen, bis Sie Ihr Ziel erreicht haben.

Die Neider und Pessimisten werden Ihnen versuchen, Steine in den Weg zu legen. Sie werden Ihnen erst davon abraten, den Weg zu gehen – als reine Vorsichtsmaßnahme. Dann werden sie Sie bekämpfen und zu guter Letzt, wenn Sie es geschafft haben, werden sie Sie bewundern, nach dem Motto: »Ich hab's ja von Anfang an gewusst, dass du es schaffen wirst …«

Sie sind ein Gewinner von Geburt an, packen Sie es optimistisch an – Sie erreichen Ihre Ziele!

VITAMINE FÜR DIE SEELE

JÜRGEN HÖLLER ACADEMY

In diesem wunderbaren Buch von mir, Jürgen Höller, erwarten Dich motivierende, herzerwärmende, besinnliche und begeisternde Geschichten und Gedanken. Dieses Buch findest du als kostenfreien Download unter:

www.vitamine-fuer-die-seele.com

Erfolgreiche entwickeln Mut und Beharrlichkeit!

Erfolgreiche handeln immer ohne Garantie, weil Sie den Mut haben, anzufangen. Sie wissen, dass ein weiteres entscheidendes Element die Ausdauer ist. Ausdauer führt immer zum Erfolg.

Mit fehlender Ausdauer nützen Ihnen die besten Ziele und Voraussetzungen nichts. Wer sich auf den Weg macht, wird immer auf Hindernisse und Probleme stoßen. Doch nur mit Ausdauer kommen Sie weiter und können auf der steinigen Straße des Erfolgs vorwärts kommen.

Ich selbst übe mich täglich in Ausdauer. Wenn ich am Telefon sitze und Akquise betreibe, dann gehen gerne ganz schnell, drei bis vier Stunden Zeit ins Land. Manche Kunden sagten schon einmal, »dass der Kaufmann sehr hartnäckig sei. Wenn du den zur Vordertür rausschmeißt, dann kommt der zur Hintertür wieder rein!« Natürlich ist hier höfliche Hartnäckigkeit gefragt. Auch beim Sport muss man sehr viel Ausdauer und Mut mitbringen. Einen Marathon zu laufen, dass ist machbar, aber einen »IronMan« zu finishen, da braucht es viel Ausdauer. 3,8 km schwimmen, 180 km Rad fahren und dann anschließend noch 42,195 km laufen; da kommen einem öfters die Gedanken, aufzugeben.

Ein erfolgreicher Gewinner aber gibt NIE auf – er steht immer wieder auf, egal, wie oft er strauchelt. Er hat ein Motto:

»Aufgeber gewinnen nie und Gewinner geben nie auf!«

Aufgeber suchen Ausreden.
Ausreder können sich nie verbessern.
Ausreden sind Lügen, die wir uns selbst einreden.
Wer reich an Ausreden ist, ist arm an Tätigkeiten.
Wer Ausreden hat, redet sich letztlich ins Aus.
Sie können entweder Ausreden suchen oder den Erfolg suchen – beides gleichzeitig geht nicht!

Bei einem Vortrag hörte ich einen Verkäufer jammern: »Bei dem Regen und tagelangen schlechten Wetter kann man sowieso nichts verkaufen. Da sind die Kunden nur schlecht drauf und da ist es besser, sie in Ruhe zu lassen.« Genau der gleiche Verkäufer hat wahrscheinlich auch das Argument, dass man bei gutem Wetter gar nicht erst los gehen braucht, weil die Kunden an alles andere denken, nur nicht an Finanzprodukte.
Für solch einen Menschen ist die Nacht immer zu dunkel und der Tag immer zu hell – mit dieser Geisteshaltung wird er immer eine Ausrede finden!

Ein exzellentes Beispiel für Ausdauer sah ich in dem Film »Die Verurteilten« mit Tim Robbins. Dort wurde ein Bankangestellter unschuldig zu lebenslanger Haft verurteilt. Um nicht die Spannung und das geniale Ende vorwegzunehmen, erzähle ich hier nichts über den Inhalt – Sie müssen diesen Film selbst sehen! Achten Sie auf die Ausdauer, mit der der Gefangene über Jahre den Gouverneur anschreibt, um Bücher für die Gefängnisbücherei zu bekommen. Die eigentliche Ausdauer ist allerdings, dass er über 19 (!!!) Jahre einen Fluchttunnel grub und das überraschende Ende, auch für den korrupten Gefängnisdirektor …

Um Ausdauer einzusetzen, brauchen Sie klare Ziele und gut durchdachte Konzepte, die Sie dann umsetzen. Hier vier Schritte zur Ausdauer:

1. Ein klares **Ziel** und das Verlangen, dieses Ziel auch zu erreichen!

2. Einen gründlich ausgearbeiteten **WIE-Plan**!

3. Ein fester **Wille** (auch und gerade bei negativem Einfluss!)

4. Die tatkräftige und moralische **Unterstützung** von einem oder mehreren Freunden!

Erfolgreiche lernen ein Leben lang – bis zum letzten Atemzug!

Auf einem Managerseminar treffen sich 30 internationale Teilnehmer zu einem Allgemeinwissens-Test.

»Der Modus ist ganz einfach«, erklärt der Seminarleiter, »ich nenne ein Zitat und Sie sagen mir, wer es wo und wann gesagt hat.« Fangen wir gleich an: »Vom Eise befreit sind Strom und Bäche.«

Im Saal herrscht eisiges Schweigen, bis sich ein kleiner Japaner meldet: »Johann Wolfgang von Goethe, Faust, Osterspaziergang, 1806.«

Die Teilnehmer murmeln anerkennend, der Seminarleiter nennt das nächste Zitat: »Der Mond ist aufgegangen, die goldnen Sternlein prangen.«

Wie aus der Pistole geschossen kommt vom Japaner: »Matthias Claudius, Abendlied, 1782!«

Die anderen Teilnehmer sehen betreten zu Boden, als der Seminarleiter wieder loslegt: »Festgemauert in der Erden.« – »Schiller«, strahlt der Japaner, »Das Lied von der Glocke, 1799!« Die Manager sehen sich blamiert um. In der ersten Reihe murmelt einer der Teilnehmer: »Scheiß Japaner!«

Wieder ertönt die Stimme von ganz hinten: »Max Grundig, CeBit, 1982!«

Wir müssen uns ständig weiterbilden, egal in welcher Form. Allein, dass Sie dieses Buch lesen, beweist schon, dass Sie dieses 12. Geheimnis bereits anwenden!

Vieles, das Sie in der Schule, Berufsschule und auch an der Uni gelernt haben, reicht für ein langes Berufsleben und

Ihre Karriere nicht aus. Auch einige Fächer, die Sie hatten, werden Ihnen heute im Leben keinen direkten Nutzen bieten. Und vieles, das wir früher einmal gelernt haben, ist nicht mehr richtig und zum Teil sogar veraltet.

Mitte der Neunziger des vergangenen Jahrhunderts lernte ich André Kostolany, den Börsen- und Finanzexperten, kennen. In der Pause fragte ich den mittlerweile 89-jährigen Spekulanten, ob er für mich einen Tipp hätte, der mich in meinem Leben weiterbringen würde. Er sah mich eindringlich an. Seine leuchtenden Augen hatten etwas spitzbübisches, ja fast jugendliches: »Junger Mann«, sagte er zu mir. »Merken Sie sich diesen Satz: Lebe so, als ob heute dein letzter Tag wäre und lerne so, als ob du ewig leben würdest!« Mutig und voller Respekt fragte ich ihn, wie er das meinte. »Schauen Sie mich an, ich wohne in einem mittlerweile alten Körper. Es ist nur eine Frage der Zeit, wann die Würmer daran seine Freude haben werden. Doch wenn ich wüsste, dass ich heute sterben würde, dann würde ich dennoch meinen Vortrag mit Begeisterung halten und anschließend anfangen, ein Buch zu lesen. Der Körper kann sterben, aber der Geist lebt ewig. Leben Sie jeden Tag bewusst und lernen Sie, bis zu Ihrem letzten Atemzug!«

Schon früh fing ich an, Bücher zu lesen und Hörbücher zu hören. Genau seit meinem 15. Lebensjahr, als mir mein Vater das Buch von Dr. Joseph Murphy »Die Macht Ihres Unterbewusstsein« gab. Einige Jahre später las ich in der Biographie von Lee Iacocca »Mein amerikanischer Traum«, dass er während seiner Tätigkeit als Manager von Chrysler wöchentlich ein Business-Buch las. Angeregt von dieser

Tatsache, dass eine Führungskraft von mehreren tausend Mitarbeitern die Zeit fand, so viel zu lesen, setzte ich mir das Ziel, pro Woche mindestens ein Buch zu lesen. Heute, dreißig Jahre später, habe ich tatsächlich über 1.500 Bücher über Wirtschaft, Psychologie, Verkauf und Erfolg gelesen.

Keine Angst, Sie müssen nicht so viele Bücher lesen! Ich weiß heute, dass die Wiederholung die Mutter der Meisterschaft ist. Wenn Sie heute zehn Bücher hintereinander von einer Fachrichtung, z.B. Verkauf lesen, wissen Sie am Schluss nicht mehr, wer von wem abgeschrieben hat ... Selbst meine Weisheiten in diesem Buch habe ich nicht erfunden, sondern eher »gefunden« und zur eigenen Philosophie gemacht.

Es gibt verschiedene Möglichkeiten, wie Sie sich Wissen aneignen können. Viele Wege sind Ihnen bestimmt bekannt, aber trotzdem möchte ich Sie Ihnen in Erinnerung bringen, wie Sie auf dem Laufenden bleiben, neue Ideen entwickeln, Ihren Horizont erweitern und sich weiter entwickeln können:

– Bücher lesen
– Hörbücher hören
– Kurse und Seminare besuchen
– Fachzeitschriften lesen
– Im Internet surfen
– Von Vorbildern Wissen beschaffen

Nehmen Sie sich täglich etwa 30 bis 60 Minuten Zeit zu lesen, am Wochenende vielleicht auch länger als 60 Minuten, dann schaffen Sie ein Buch pro Woche! Je nach Lesege-schwindigkeit sind das gut und gerne dann 50 bis 60 Bü-cher pro Jahr. Stellen Sie sich vor, Sie würden von heute an beginnen, dieses Vorhaben zehn Jahre diszipliniert durch-zuhalten. Sie würden auf ca. 500 bis 600 Bücher kommen! Glauben Sie nicht auch, dass sich das auf Ihre Gesundheit, Ihre Beziehungen, Ihre berufliche Karriere, Ihre Finanzen und der Sinnhaftigkeit in Ihrem Leben auswirken wird? Mit diesem Vorsprung an Wissen sind Sie immer vorne dabei und entwickeln sich zu einem wahren Experten auf Ihrem Gebiet!

Die genialste Erfindung seit dem Buchdruck sind für mich Hörbücher. Die besten Erfolgsbücher gibt es mittlerweile auch als Hörbücher als CD oder Audio-Download. Diese können ganz bequem neben jeder Tätigkeit wie Zähne put-zen, Auto fahren oder Joggen angehört werden. Sie müssen bei dieser Art der Weiterbildung nicht einmal genau hinhö-ren, denn die Inhalte gehen direkt in das Unterbewusstsein und mit wiederholtem Anhören vertiefen Sie Ihr Wissen. Sie werden sich sogar dabei ertappen, dass Sie hin und wie-der einen Autor zitieren und zwar so, wie Sie es auf dem Tonträger gehört haben. Hören Sie sich ein Hörbuch pro Monat an und machen Sie Ihr Auto zu einer rollenden Lern-maschine: Wenn Sie täglich im Schnitt zwei Stunden im Auto verbringen und dabei Hörbücher hören, kommen Sie pro Jahr auf 91(!) Acht-Stunden-Tage voll Weiterbildung – ein viertel Jahr voller neuer Erkenntnisse und Vertiefungen!

Wenn Sie das jetzt noch mit dem Besuch von Kursen, Ta-gungen oder Seminaren untermauern, um sich auf Ihrem

Gebiet und auch im Persönlichen weiterzubilden, setzen Sie eine Ursache des Erfolgs in Gang, deren Wirkung nicht mehr aufzuhalten ist. Ich selbst gehe pro Jahr vier bis sechs Mal auf Seminare und komme immer mit noch mehr neuen Ideen, Anregungen und Motivation nach Hause.

Je erfolgreicher und reicher die Menschen sind, mit denen ich zu tun hatte, umso größer waren deren Bibliotheken. Im Gegenzug aber habe ich festgestellt, dass die Leute, die am meisten jammerten, dass sie kein Geld hatten, umso größer deren technische Ausstattung wie Flachbildschirm, Sky und Spielkonsolen waren. Wenn zu mir jemand ins Büro kommt und die vielen Bücher darin sieht, dann kommt ab und zu auch schon einmal die Bemerkung, ob ich die alle gelesen hätte. Ich antworte darauf gerne ironisch: »Nein, die stehen hier nur zur Dekoration und zum Abstauben rum!«

Viele Menschen geben unheimlich viel Geld für Urlaub und Autos aus. Erfolgreiche Menschen investieren aber auch in sich selbst und geben mehr Geld für Weiterbildung aus, als für alles andere. Sie glauben nicht daran, dass Weiterbildung teuer ist, denn sie wissen, wie viel Dummheit kostet!

Pleite zu sein ist schlimm! Dumm zu sein ist auch schlimm! Aber beides – pleite und dumm zu sein, ist richtig schlimm! Gut, richtig schlimm ist es, krank zu sein. Aber am schlimmsten ist es, pleite, dumm und krank zu sein, da gibt es keine weitere Steigerung, oder?

Deshalb mein Tipp:

Erstellen Sie sich einen Weiterbildungs-Plan oder noch besser: ein Konzept. Legen Sie fest, wie viele Bücher Sie in diesem Jahr lesen werden, wie viele Hörbücher Sie hören und an wie viele Kurse und Seminare Sie teilnehmen werden. Eröffnen Sie bei Ihrer Bank ein Weiterbildungs- Konto und zahlen Sie sich einen Betrag, am besten 10 Prozent vom Netto-Verdienst, auf dieses Konto.

Sie werden erleben, dass Sie dies um ein Vielfaches wieder zurückbekommen werden. Das Universum beobachtet Sie – und je nach Ursache, die Sie setzen, werden Sie Wirkungen erhalten! Probieren Sie es aus! Bleiben Sie dran, am besten die nächsten zehn Jahre, das sind dann ca. 500 bis 600 Bücher, 120 Hörbücher und ca. 40 bis 60 Seminare. Ich bin gespannt, was Sie mir dann berichten werden …

Erfolgreiche sind meisterhaft im TUN!

Erfolgreiche handeln, ohne zu zögern, sie sind meisterhaft im TUN. Deshalb kommt ja Handeln von Hand und nicht von Mund, sonst würde es ja »maulen« heißen!

Reden tun viele, aber handeln tun nur die erfolgreichen, wirklichen Gewinner. Sie machen jeden Tag kleine Schritte auf ihrem Weg zum Ziel. Sie fangen immer mit dem ersten Schritt an, um ihr Vorhaben umzusetzen. Sie bringen die Kugel ins Rollen. So wie diese Geheimnisse des Erfolgs Anfangs eine Idee waren. Ich schrieb die ersten Gedanken in meinen Notizblock und jeden Tag kam ein neuer Impuls hinzu. Dann brachte ich in einem Seminar die verschiedenen Punkte an und die Reaktionen der Teilnehmer ermutigten mich, weiter daran zu arbeiten. Ganz schnell hatte ich mehr als zwanzig Punkte zusammen, strich einige wieder und übrig blieben diese 15 Impulse.

Bei einer Vortragsveranstaltung bekam ich eine Urkunde von einem befreundeten Gebietsdirektor mit dieser sympathischen Illustration von mir darauf:

Das wiederum brachte mich auf die Idee, von den 15 Punkten je eine Zeichnung anfertigen zu lassen und zwar von demjenigen, der diese Karikatur kreierte.

So lernte ich Rainer Blocher kennen, und seine Illustrationen der Geheimnisse des Erfolgs sehen Sie als Ergebnis in diesem Buch!

Aus dem Vortrag wurde ein Ein-Tages-Seminar und mittlerweile sind es zwei volle Tage, an denen ich praxisorientiert mit vielen schriftlichen Übungen mit den Teilnehmern verbringe.

Ein Film-Team folgte und nahm mit mir 15 motivierende Impulse für ein außergewöhnliches Leben auf. Daraus wurde eine DVD und die Gedanken, Impulse und Anregungen sind lebendig geworden. Und dies alles fing mit einem ersten Gedanken, mit der ersten Notiz an.

Ich höre immer wieder Menschen, die sich doch so gerne Erfolg wünschen. Sie beten, sie hoffen, aber sie sind nicht bereit, auch etwas für ihren Erfolg zu TUN. Dabei weiß doch jeder, dass für nichts tun auch kein Erfolg erwartet werden kann!

Wir leben in einem Land voller Überfluss. Zwei Drittel der Menschheit würde sofort mit jedem Hartz 4 Empfänger tauschen. Ich weiß, das tut jetzt bestimmt weh, die Worte sind hart. Aber wer nicht ins Handeln kommt, setzt auch keine Wirkung. Also muss er sich auch nicht wundern, wenn seine Ursachen, also die Erfolge, ausbleiben. Wer den Wasserhahn des Erfolgs aufdreht, hat es selbst in der Hand (siehe Geheimnis Nr. 1), wie groß sein Gefäß ist, das er darunter hält. Es soll Menschen geben, die gierig sind und mit einer Badewanne kommen. Bescheidene kommen mit einem Fingerhut. Aber die, die nur reden, kommen mit der bloßen Hand und: Oh Wunder, da bleibt wenig übrig.

Wer nur hofft und abwartet, dass Gutes passiert, wird enttäuscht. Wer aber bereit ist, etwas oder gar sehr viel dafür zu tun, wird eine große Ernte einfahren.

Ein Verkäufer, der sich gegen Ende des Jahres ein Verkaufsziel setzt, fährt mit konstantem TUN sehr gut. Ja, er kann dank dem Gesetz der großen Zahl auch seinen Umsatz (Erfolg) planen. Wenn er sich bewusst wird, dass seine Aktivitäten seine Ergebnisse bestimmen, dann wird er eine sogenannte Aktivitäten-Kontrolle beginnen. Ich nenne das auch spielerisch »Historischer Leistungsnachweis«. Er weiß bspw., dass er 1.000 Termine pro Jahr braucht, um die Summe XY in Provision zu verdienen. Bei 200 Arbeitstagen sind das »nur« fünf Termine pro Tag oder 25 Termine in der Woche. Nur zehn Monate sollten dafür angesetzt werden, da jeder von uns auch Urlaub macht und eventuell auch einmal krank wird. Wenn jetzt noch im Back-Office eine bspw. 400 Euro-Kraft die administrativen Tätigkeiten steuert, hat er ausschließlich Zeit für seine Verkaufsgespräche und wird an der Spitze der Ranglisten stehen.

In seinem Buch »Erlebte Verkaufspraxis« und »Lebe begeistert – gewinne!« hat der Versicherungsverkäufer Frank Bettger noch heute gültige Impulse für Verkäufer parat. Angeregt von diesen Ideen in den Büchern führe ich in unserem Institut »Historische Leistungsnachweise«, an denen man sofort erkennen kann, wie hoch das Gesetz der großen Zahl ist.

Wenn ich wissen möchte, wie viel Geld es bringt, wenn ich einen Kunden anrufe, dann teile ich den Umsatz durch die

Anzahl der Wählversuche und habe die Zahl. Das ist mittlerweile Programm. Immer wenn ein Kunde NEIN sagt, dann jubiliere ich innerlich, schau auf meine Liste und weiß, wie viel dieses NEIN wert ist. Bei uns sagt auch nicht jeder Kunde JA (leider).

Ich telefoniere auch mit etwa 1.000 Entscheidern pro Jahr. Und meine Quote ist »hundsmiserabel«! Nur 50 Menschen wollen mit mir arbeiten, die anderen 950 wollen nicht, dürfen nicht oder können nicht. Wenn ich wüsste, wer die 50 sind, die JA sagen, ich würde nur die anrufen – aber ich weiß es nicht, deshalb rufe ich alle an. Aber auch ich habe diese 200 Arbeitstage und wenn ich nun täglich konstant fünf Entscheider kontaktiere, also auch 25 pro Woche und die Aktivitäten und Ergebnisse in meinem »Historischen Leistungsnachweis« eintrage, so mache ich mir wöchentlich bewusst, dass ich einer der best bezahltesten Arbeitslosen bin, die ich kenne. Warum? Weil ich meinen Beruf zum Hobby gemacht habe und Vorträge und Trainings für mich keine Arbeit sind. Die drei bis vier Stunden Telefonieren pro Woche sind die einzige Tätigkeit, die einzige echte Handlung. Der Rest ist reine Freude mit spielerischer Leichtigkeit und täglich wachsender Begeisterung!

Wenn wir in unserem Unternehmen den Umsatz um 20 Prozent steigern möchten, dann müssen wir nur 200 Telefonate mehr zu Entscheidern führen. Das sind umgerechnet pro Tag, ein Telefonat mehr oder fünf in der Woche und das ist machbar, oder?

Sie können so mit allem, was Sie tun, fortfahren:

- Täglich 30 Minuten lesen
- 30 – 60 Minuten Hörbücher hören
- 30 Minuten Laufen
- 50 Liegestütze täglich
- 1 x pro Tag etwas liebevolles dem Partner sagen
- Täglich 2 – 3 Liter stilles Wasser trinken
- Täglich 3 – 5 Verkaufsgespräche
- Bewusste, kalorienreduzierte Ernährung
- Ihrem Hobby nachgehen
- Täglich Lachen, Scherzen und Spielen
- und vieles, vieles mehr!

Der Philosoph Epiktet (50 – 125 n. Chr.) stellte fest: »Nicht Sprüche sind es, woran es fehlt, die Bücher sind voll davon. Woran es fehlt, sind Menschen, die sie anwenden.«

Man muss die Chancen nutzen, wenn sie sich einem bieten. Nutzen kann man Chancen allerdings nur, wenn man handelt, selbst wenn man versagt. Doch lieber das Risiko des Scheiterns in Kauf nehmen, als es überhaupt nicht anzufangen! Eins sollte uns immer bewusst sein, Wer es nicht versucht, hat in jedem Fall versagt!

In unserem Badezimmer hängt ein Kalender, der uns jeden Morgen mit einem philosophischen Zitat erfreut: »Wenn man es nicht probiert, wird man vom Rad des Schicksals fortgetragen. Und bevor es einem bewusst wird, ist der Zauber verflogen und der Augenblick entschwunden. Dann schleicht sich für den Rest des Lebens diese verpasste Chance in deine Gedanken und macht auch die schönsten Träume zunichte. Man quält sich mit dem, was hätte sein können …«

Kommen Sie ins Handeln!
TUN Sie es – wenn nicht Sie, wer dann? Und wenn nicht jetzt, wann dann?
Bringen Sie die Kugel ins Rollen. Erste Erfolge führen zu weiteren Erfolgen. Erfolg zieht Erfolg an, so wie Geld bekanntlich Geld anzieht. Legen Sie los, werden Sie aktiv und entwickeln Sie die Gewohnheit, Ihre wirklich guten Ideen sofort in die Tat umzusetzen mit dem berühmten, ersten Schritt.

Erfolgreiche klettern von Gipfel zu Gipfel!

In einem der vielen Bücher von Immobilien-Tycoon und Milliardär Donald Trump las ich eine bemerkenswerte Geschichte. Bemerkenswert ist zunächst, dass überhaupt ein Milliardär Bücher schreibt und Tipps gibt, wie man reich wird. Das brachte ihm Kritik ein, allerdings mehr von denen, die diese Tipps gar nicht erst gelesen haben oder es versuchen, anzuwenden. Bemerkenswert auch, dass Donald Trump ein Milliardärs-Bewusstsein hat, für den Millionen »Peanuts« sind. Bemerkenswert, dass ein nachweisbar erfolgreicher Mensch, permanent nach neuen Geschäftsmöglichkeiten Ausschau hält. Einer seiner großen Vorbilder hatte, nachdem er seine Firma verkauft hat, sich auf eine Insel mit seiner Frau zur Ruhe gesetzt. Nach fünf Jahren wurde es ihm allerdings zu langweilig, nur am Pool zu liegen und Longdrinks zu schlürfen. Er wollte wieder etwas tun, investierte sein ganzes Geld in ein Projekt und – verlor alles. Donald Trump sah ihn bei einer gesellschaftlichen Party, geknickt und ohne Power. Sein Vorbild war keines mehr. Auf die Frage, was denn los wäre, antwortete der ehemalige Milliardär: »Ich habe in den fünf Jahren des Nichtstuns mein Momentum verloren!« Donald Trump nahm sich vor, niemals in seinem Leben, sein Momentum zu verlieren, immer neue Ziele zu verfolgen und von einem Gipfel zum nächsten Gipfel zu klettern.

Die bemerkenswerte Geschichte begann als Donald Trump durch Investitionen und schnelles Wachstum einen Schul-

denberg von 9,2 Milliarden Dollar anhäufte. Die Banken drehten ihm den Hahn zu, aus Angst, noch mehr Geld zu verlieren. Donald Trump, der es gewohnt war, dass Banker zu ihm kamen, musste nun bei den Bankern an die Tür klopfen. Wütend, den Sakkokragen hochgeschlagen, lief er durch das verregnete New York zu der Bank, in der er den Bankern erklären wollte, wie er all das Geld wieder zurückbezahlen könne. Als er an der Glasfassade eines Hochhauses einen Bettler sitzen sah und fast automatisch in die Tasche griff, um dem Mann einen Dollar zu geben, bemerkte er, dass er keinen einzigen Cent dabei hatte. Plötzlich sah er sich in der verspiegelten Glasfront, sein Haar vom Wind verweht, die Schulterpolster vom Regen durchnässt und erschrak. Ihm wurde schlagartig bewusst, dass er um 9,2 Milliarden ärmer war als dieser Bettler, der zu seinen Füßen saß, die Hand aufhielt und ihn erwartungsvoll ansah! »Du sitzt nicht hier und bettelst. Du hast einen Termin bei deinen Bankern, die dir den Hahn zudrehen wollen. Du bettelst nicht, du hast Momentum und zurzeit eine weniger günstige Situation. Aber das Blatt wird sich drehen – na wartet, ich komme!«
Und so lief er los, kämpfte und bekam einen Aufschub. Ein paar Jahre später hatte Donald Trump die Schulden abgebaut und heute wieder laut dem Wirtschaftsmagazin Forbes ein geschätztes Vermögen von 2,7 Milliarden Dollar.
Erfolgreiche werden nie müde, wenn sie ein Ziel erreicht haben. Sie setzen sich ein neues Ziel und machen sich sofort daran, den ersten Schritt zu tun. Sie wissen: Wer rastet, der rostet!

Es gibt viele gute Bücher, die das Prinzip der Resonanz beschreiben: Von der leider viel zu früh verstorbenen Bärbel

Mohr, die den Bestseller »Bestellungen beim Universum« schrieb. Oder bestimmt haben Sie auch »The Secret« von Rhonda Byrne gelesen. Wenn nicht: Tun Sie es. Noch besser: Besorgen Sie sich das Hörbuch und die DVD. Den Film sehen Sie am besten mit guten Freunden an; so können Sie gemeinsam im Anschluss wunderbar darüber diskutieren. In meinem Buch »Handle selbst – lebe jetzt!« habe ich den sieben geistigen Prinzipien ein ganzes Kapitel gewidmet, weil deren Verständnis für Erfolg so wichtig ist. Letztlich besagen all die Bücher, dass Sie haben können, was Sie möchten, wenn Sie es sich auch vorstellen können. Doch eines darf nie vergessen werden: Sie müssen ins Handeln kommen.

In meinen Seminaren kommen immer wieder Teilnehmer auf mich zu und erklären mir, dass das mit dem Wünschen schön ist, doch bei ihnen klappt das nicht. Wenn ich sie frage, wie sie vorgehen, dann teilen Sie mir mit: »Wenn ich meinen Wunsch geäußert habe, warte ich ab. Aber nachdem sich nichts materialisiert, wünsche ich mir das nächste. Meist kommt aber dann auch nichts!«
Vielleicht bin ich der einzige arme Tropf auf dieser Erde oder im ganzem Universum, der massenhaft Bücher gelesen, Hörbücher gehört und Seminare besucht hat, und trotz all diesem Wissens etwas für seinen Erfolg TUN muss! Es gibt kein einziges Erfolgsbuch, in dem steht: »Der ist erfolgreich, der ist nicht erfolgreich und der darf auch wieder erfolgreich sein!«
Jeden Morgen, wenn Sie aufstehen, schreiben Sie Ihr ganz persönliches Lebensbuch neu. Jeden Morgen sind die Seiten zunächst leer und jeden Morgen können Sie selbst ent-

scheiden, wohin Sie wollen und was am Ende eines Tages in Ihrem Lebensbuch stehen wird. Wichtig ist nur, dass Sie bei allem, was sie vorhaben, an sich selbst glauben!

Hören Sie nie auf, wenn Sie ein Ziel erreicht haben! Ruhen Sie sich nie auf den Lorbeeren des gerade Erreichten aus. Setzen Sie sich immer wieder neue Ziele und bleiben Sie in Bewegung. Halten Sie das Momentum aufrecht.

Sie sind imstande, eine Dampflok mit bloßer Hand bei der Abfahrt zu hindern. Aber wenn die Lok Fahrt aufgenommen hat, ihre Momentum erreicht hat, dann fährt sie, wie ein heißes Messer durch die Butter, durch eine meterdicke Betonwand. Mit solch einem Momentum sind Sie nicht aufzuhalten. Klettern Sie auf den nächsten Gipfel, wenn Sie bereits auf einem stehen!

15. GEHEIMNIS

Erfolgreiche haben ein hohes Maß an Selbst-Disziplin!

»Es ist einfach, an sich selbst zu glauben und diszipliniert zu sein, wenn man ein Gewinner, wenn man die Nummer eins ist. Man muss jedoch in der Lage sein, Glauben und Disziplin zu haben, wenn man noch kein Gewinner ist.«

Vince Lombardi

Zu guter Letzt weiß der Erfolgreiche, das nicht nur alles Freude und Spaß ist. Er weiß, dass zum Erfolg auch Selbst-Disziplin nötig ist. Obwohl der Erfolgreiche spontan ist, hat er sich stets unter Kontrolle. Er kann sich zwingen, auch das zu tun, was im Moment vielleicht langweilig, schwierig oder unangenehm erscheint. Der Erfolgreiche hat Selbst-Disziplin!

Selbstdiszipliniert zu sein, heißt aber nicht zwangsläufig, alles ständig unter Kontrolle zu haben und sich zu einer Spaßbremse zu entwickeln.

Der Duden beschreibt bei Disziplin unter anderem folgendes: »Disziplin ist das Beherrschen des eigenen Willens, der eigenen Gefühle und Neigungen, um etwas zu erreichen.«

Mir gefällt in der Aussage » … um etwas zu erreichen«. Für mich persönlich ist Disziplin also nichts, was allumfassend sein muss. Wenn ich ein Ziel erreichen möchte oder ein Projekt beenden muss, dann kann ich punktgenau diszipliniert sein.

98

Dennoch ist Disziplin für viele Menschen ein schreckliches Wort. Es ist nicht gerade etwas Positives. Sie assoziieren damit sofort Strenge, Gehorsam, Militär Drill, Anstrengung, Härte, Strafen und keinen Spaß.
Disziplin wird häufig mit Macht und Zwang in Verbindung gebracht, was auch stimmen mag, wenn sie einem von außen im wahrsten Sinn des Wortes »aufgezwungen« wird.

Selbst-Disziplin ist jedoch ein kraft- und machtvolles Mittel. Sie können sich damit Ihrer Gewohnheiten, die Sie mögen, noch bewusster werden. Und die Gewohnheiten, die Sie nicht an sich schätzen, in den Griff bekommen, ohne Selbstkasteiung!

Wir Menschen sind jeden Tag sehr diszipliniert!
Wenn Sie morgens aufstehen, dann waschen Sie sich. Sie putzen diszipliniert Ihre Zähne, trinken diszipliniert Ihren Kaffee und fahren diszipliniert mit Ihrem Auto in die Arbeit.

So gesehen ist **Disziplin nur ein anderes Wort für Gewohnheit!**

Gewohnheit kann manchmal dumm sein. Zu Hause, aus reiner Gewohnheit (ich bin aufgrund meiner beruflichen Tätigkeit bis zu 200 Nächte von Hause weg und schlafe in Hotels), wundere ich mich, warum da keine Schokolade auf meinem Kissen liegt!

Gewohnheiten können Sie daran hindern oder helfen, Ihre Wünsche und Ziele zu erreichen. Stellen Sie sich einmal folgende Fragen:

- Welche Gewohnheiten haben Sie?
- Welche könnten Ihnen behilflich sein?
- Welche hindern Sie, voran zu kommen?

Nach einen gewissen Rhythmus zu arbeiten hilft Ihnen, förderliche Gewohnheiten zu entwickeln. Legen Sie zum Beispiel fest, dass Sie jeden Freitag von 17 bis 20 Uhr am Telefon sitzen, um Termine für die nächste Woche zu vereinbaren. Gehen Sie jeden Morgen um 6 Uhr eine halbe Stunde laufen. Trinken Sie zu jeder vollen Stunde einen viertel Liter stilles Wasser (verteilt über den Tag sind das bei zehn Stunden 2,5 Liter!). Machen Sie, wie in der Schule, einen Stundenplan. Oft sind es die einfachen Dinge des Lebens, die zum Erfolg führen.

Erfolgreiche Menschen haben sich daran gewöhnt, gleichartige Tätigkeiten immer am gleichen Wochentag zur gleichen Stunde zu erledigen. So stellt sich nach einigen Wochen die Gewohnheit ein und sie müssen sich nicht mehr überwinden, mit der Arbeit zu beginnen. Ohne einen solchen Rhythmus stehen Sie jeden Tag vor der schwierigen Entscheidung: »Soll ich heute Kunden besuchen oder doch lieber den Rasen mähen?« Und oft wird ohne Plan und Disziplin dann die Antwort lauten:

»Heute ist das Wetter schön. Ich mähe schnell den Rasen, dann kann ich zur Belohnung in den Biergarten gehen! Telefonieren kann ich morgen immer noch ...«

Tun Sie alles erdenklich mögliche dafür, Ihre Selbst-Disziplin zu stärken. Machen Sie es sich so einfach wie möglich.

Im Folgenden habe ich für Sie fünf motivierende Maßnahmen zu mehr Selbst-Disziplin zusammengefasst:

1. Erinnerung

Erinnern Sie sich bei neuen Vorhaben daran, das Sie schon bei anderen früheren Aktivitäten ein hohes Maß an Selbstdisziplin entwickelt haben. So haben Sie den Beweis, dass Sie sehr selbstdiszipliniert sein können. Seien Sie auf vergangene Erfolge, bei denen Sie Selbst-Disziplin bewiesen haben, zu Recht stolz auf sich!

2. Prioritäten

Nehmen Sie sich auch nur das vor, was Sie auch wirklich erreichen können. Haben Sie im Moment auch das notwendige Know-how, die Zeit und den Rahmen für Ihr Vorhaben? Einen Marathon laufen, ein Buch schreiben, eine Firma gründen, eine Gala organisieren, das Rauchen aufhören, ein Haus umbauen und auch noch zwei Fremdsprachen lernen – da nutzt Ihnen der stärkste Wille zur Selbst-Disziplin nichts. Machen Sie eines nach dem anderen; Rom ist auch nicht an einem Tag erbaut worden.

3. Unterstützung

Lassen Sie sich von einem Menschen helfen, der Sie bei Ihrem Vorhaben unterstützen kann, motiviert und optimistisch ermutigt. Es wird zwischendurch Perioden der Schwäche geben; dann benötigen Sie die Anteilnahme eines guten

Freundes. Lassen Sie sich helfen, damit es Ihnen so einfach wie möglich gelingt, Ihre Selbst-Disziplin aufrecht zu erhalten.

4. Lob

Loben Sie sich, schließlich tun Sie etwas für sich! Sie haben allen Grund, stolz auf sich zu sein und bevor andere Sie loben (unter Umständen können Sie da lange warten), loben Sie sich für Ihre Selbst-Disziplin selbst. Ausdrücke der Selbstanerkennung machen Sie frei und unabhängig vom Lob anderer!

5. Belohnung

Belohnen Sie sich, wenn Sie durchgehalten haben und etwas geschafft haben! Machen Sie sich Ihrer Belohnung bewusst, wenn Sie an Ihrer Selbst-Disziplin und Motivation zweifeln. Sie sollten sich aber auch nur dann angemessen belohnen, wenn Sie Ihr Vorhaben erfüllt haben. Sie dürfen sich nicht belohnen, wenn Sie Ihr Ziel nicht erreicht haben. Die Belohnung sollte ein Verstärker und Reiz für Ihre Selbst-Disziplin sein.

»Wer heute einen Gedanken sät, erntet morgen die Tat, übermorgen die Gewohnheit, danach den Charakter und endlich sein Schicksal.« Diese Worte von Gottfried Keller machen klar, dass Disziplin eine Fähigkeit ist, wie Fahrrad fahren oder Golf spielen. Selbst-Disziplin können Sie täglich trainieren. Setzen Sie sich tagtäglich ein kleines Ziel und halten Sie sich daran. Das Erreichen dieser kleinen

Ziele steigert Ihr Selbstvertrauen und beweist Ihnen, dass Sie (doch) diszipliniert sind. Wenn Sie nun all Ihre kleinen und großen Erfolge auf dem Weg zu mehr Selbst-Disziplin in ein Erfolgstagebuch notieren, werden Sie bald viel besser einschätzen können, wie diszipliniert Sie wirklich sind. Das tut gut und ermöglicht Ihnen, zu verstehen, was Sie brauchen, um dauerhaft selbstdiszipliniert zu bleiben – ohne Selbstkasteiung!

Halten Sie es stets bei allen 15 Geheimnissen des Erfolgs wie der amerikanische Schriftsteller Truman Capote (1924–1984):

»DISZIPLIN IST DER WICHTIGSTE TEIL DES ERFOLGS!«

Die Philosophie meiner Überzeugungen

Lassen Sie mich zum Schluss, Ihnen meine Philosophie der Überzeugungen zum Teil werden, die mit wenigen Worten zusammenfasst, was jedem von uns unweigerlich zur Meisterschaft im Leben führt. Diese Philosophie meiner Überzeugungen wird Sie begeistern, sich zu bewegen, Handeln und zu TUN:

Ich bin davon überzeugt, dass das Leben ein lebenslanger Lernprozess ist. Wer nie aufhört zu staunen, zu lernen, offen ist für neue Ideen, seine Vergangenheit akzeptiert und, statt nachdenkt »vordenkt«, was die Zukunft bringen wird, lebendig bleibt, Freude am TUN hat, dem wird das Leben Spaß machen!

Ich bin davon überzeugt, dass jeder Mensch eine Aufgabe hat, die zu ihm passt. Im Wort Aufgabe steckt Gabe und diese Gaben sind Stärken, Fähigkeiten und Talente eines jeden einzelnen. Wann immer ein Mensch diese Begabungen zum Nutzen anderer Menschen einsetzt, wird seiner Lebensaufgabe nachgehen und so Glück und Erfüllung finden!

Ich bin davon überzeugt, dass jeder Mensch die volle Verantwortung für sein privates und berufliches Leben übernehmen muss. Wer nie anderen die Schuld für Schicksals-schläge und Fehler gibt, wird sich auf seinem Lebensweg, durch jedes Ereignis, dass sich ihm bietet, weiterentwickeln!

Ich bin davon überzeugt, dass jeder Mensch sein Leben so einfach wie nur möglich gestalten sollte. Wer Opfer ist, macht Einfaches kompliziert. Nur der Gestalter erkennt jede Chance und Möglichkeit, das Leben ein wenig einfacher zu machen!

Ich bin davon überzeugt, dass jeder Mensch seine Welt nur subjektiv wahrnimmt. Es gibt nicht die objektive Wahrheit, alles kann in Frage gestellt werden: Das, was andere über uns sagen, was unsere Eltern uns gelehrt haben, was in der Zeitung steht, ja sogar diese Philosophie der Überzeugungen!

Ich bin davon überzeugt, dass jeder Mensch anderen viel mehr Vertrauen schenken sollte. Wer anderen vertraut, traut diesen und auch sich selbst mehr zu. Mit mehr Vertrauen würden wir weniger Absicherungen benötigen. Selbst Geschäfte könnten mit einem einfachen Handschlag besiegelt werden!

Ich bin davon überzeugt, dass wir wieder mehr miteinander reden sollten. Gerade in der heutigen Zeit von Mails und Social- Networks. Nichts zerreden, schon gar nicht über andere reden, sondern sich in den anderen investieren, indem wir uns mehr Zeit für den anderen nehmen!

Ich bin davon überzeugt, dass wir mehr TUN, statt versuchen sollten. Beim Versuchen ist das Scheitern schon vorprogrammiert. Wer positiv denkt und handelt setzt eine Ursache für seine daraus resultierenden Wirkungen.

Ich bin davon überzeugt, dass es wichtig ist, sich zu konzentrieren und bei allem, was wir TUN, authentisch zu bleiben. Wenn wir zu unserem Verhalten stehen, brauchen wir keine Rolle mehr spielen, die uns doch nur einengt!

Ich bin davon überzeugt, dass jeder Mensch dankbar sein sollte. Wer dankbar ist für das, was da ist, für das, was wir sind, was wir tun und was wir haben, wird daraus jederzeit das Beste machen!

Ich bin davon überzeugt, dass das Wichtigste für ein glückliches und erfülltes Leben die Liebe ist. Nicht nur die zwischen Frau und Mann, sondern die bedingungslose Liebe zum Leben, zu den Menschen, den Tieren, der Natur und sich selbst. Wer alles grundsätzlich liebt, sogar den scheinbar leblosen Stein, dem wird das Leben dienen!

Ich bin davon überzeugt, dass wir jeden Tag bewusst leben sollten; im Hier und Jetzt. Jeden Tag können wir aufs Neue entscheiden, glücklich sein zu wollen, dankbar sein zu wollen, menschlich sein zu wollen, lieben zu wollen.

Ich bin davon überzeugt: Heute ist der beste Tag in meinem Leben!

Ich wünsche Ihnen von ganzem Herzen ein langes, glückliches und erfülltes Leben, Ihr

Alexander S. Kaufmann

107

Alexander S. Kaufmann

Alexander S. Kaufmann wurde zum Qualitätsexperten und Top-Speaker ausgezeichnet. Er ist offizieller Botschafter des Kinderhilfswerk Inter-NATIONAL CHILDREN Help e.V. und setzt sich aktiv für die Zukunft unserer Kinder ein.

»Begeisterung, die bewegt!« so das Motto des erfolgreichen Lebens- und UmsatzMotivators. Tagtäglich gibt er jährlich tausenden von Teilnehmern mit wachsender Begeisterung, auf sympathische und kompetente Weise, authentisch komplexes Wissen einfach und praxisnah an die Hand.

www.umsatzmotivator.de

Rainer Blocher

Rainer Blocher arbeitet seit vielen Jahren für renommierte Werbeagenturen, Verlage, Werbeartikelhersteller und Personalentwicklungsunternehmen. Seit 2012 ist er Partner im Kaufmann Institut und hat dieses Buch mit seinen anschaulichen Illustrationen bereichert. Einzelne Anzeigenmotive und Maskottchen-/Logo-Gestaltungen sowie umfangreiche Prospektillustrationen gehören zu seinem Repertoire.

www.Ideen-Atelier.com

Alexander S. Kaufmann
live erleben

ALEXANDER S. KAUFMANN

Tagungen zum Highlight des Jahres machen!

Planen Sie den Höhepunkt Ihrer Veranstaltung und freuen Sie sich auf wertvolle Inhalte, spannend und humorvoll in Szene gesetzt, vorgetragen mit reichlich Impulsen zum Handeln, TUN und in der praktischen Umsetzung!

Wie immer präsentiert der Top-Speaker Alexander S. Kaufmann dies in humorvoller und unterhaltsamer Weise, dynamisch und voller Esprit. Speziell zugeschnitten auf Ihre Veranstaltung, Wünsche und Zielgruppe sind Begeisterung und Nachhaltigkeit garantiert.

Buchungen unter

www.UmsatzMotivator.de
info@umsatzmotivator.de
Tel +49 (0) 91 87 / 90 90 923

Weitere Medien von Alexander S. Kaufmann

Buch und Hörbuch »Handle selbst – lebe jetzt!«
Wirkungsvolle Strategien für ein glückliches
und erfülltes Leben.

Alexander S. Kaufmanns Bestseller
führt Sie in alle wichtigen Prinzipien
ein, die Sie benötigen, um Ihr volles
Potential zu entfalten und freizusetzen.

Buch 276 Seiten
ISBN 978-3-86901-872-0, EUR 29,00

Hörbuch 5 CDs 367 Min.
ISBN 978-3-905357-77-6, EUR 59,90

Die Geheimnisse des Erfolgs
Jeder wird zum Experten seines Lebens und
macht daraus ein persönliches Meisterwerk.
Unser Potential, unsere Begeisterung und
unser erfülltes TUN geben wir mit spielerischer Leichtigkeit als Glücksgeber und Mut-
macher an andere weiter.

DVD 103 Min.
ISBN 978-3-86868-335-6, EUR 19,90

Buch »Seelenbalsam für Herz & Verstand«
Inspirierende Kurzgeschichten für mehr Menschen-
und Selbstliebe. Diese 101 liebenswerten und
klugen Geschichten machen Mut, berühren das
Herz, streicheln die Seele und inspirieren
den Verstand.

Buch 234 Seiten
ISBN 978-3-86215-211-7, EUR 25,00

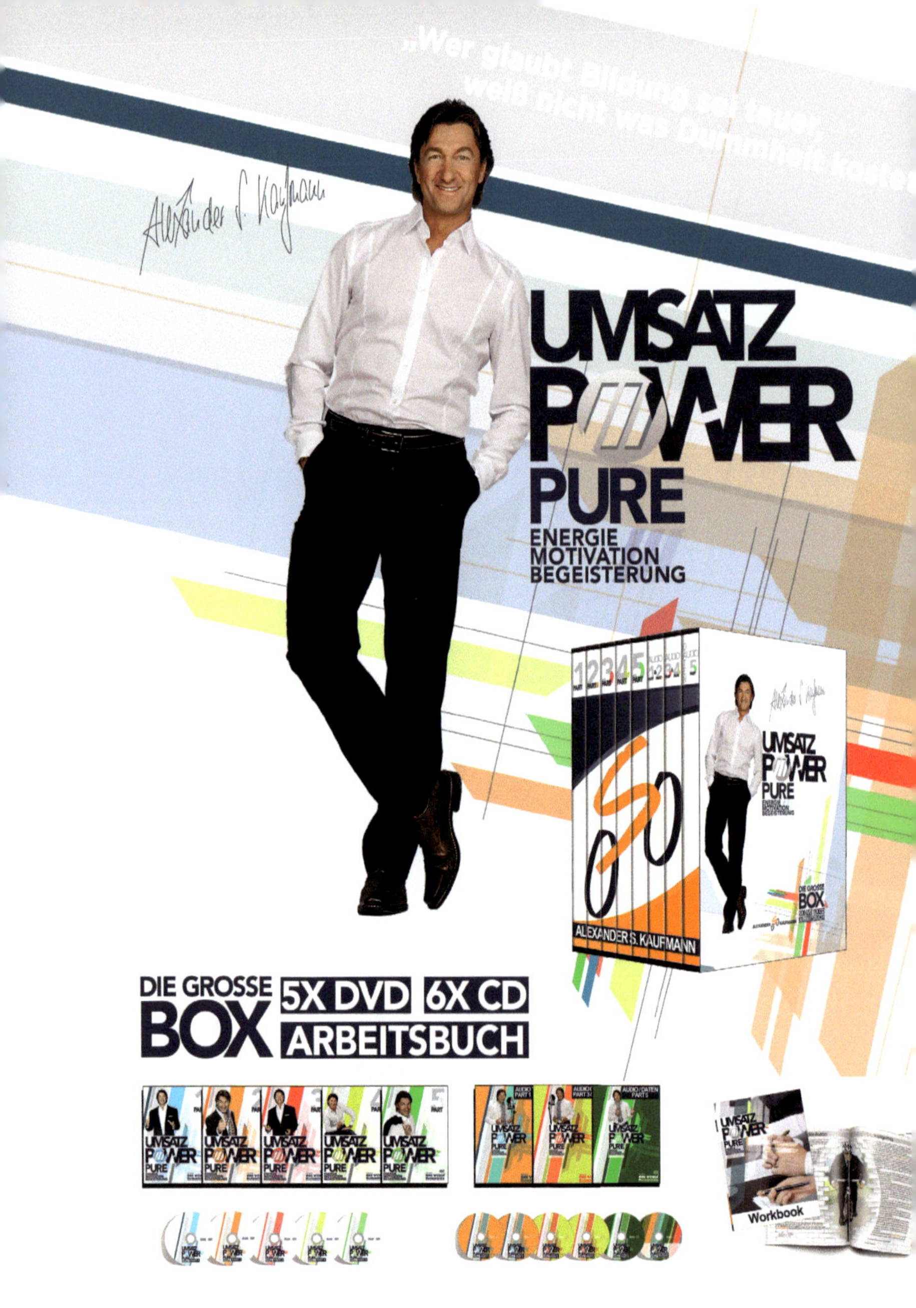
„Wer glaubt Bildung sei teuer,
weiß nicht was Dummheit koste
UMSATZ
POWER
PURE
ENERGIE
MOTIVATION
BEGEISTERUNG
ALEXANDER S. KAUFMANN
DIE GROSSE
BOX
5X DVD
6X CD
ARBEITSBUCH
Workbook

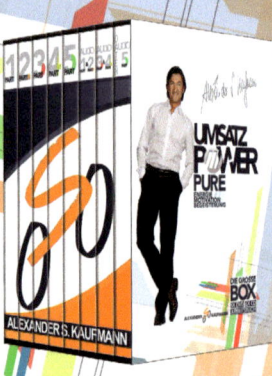

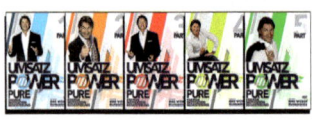

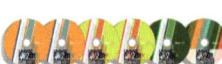

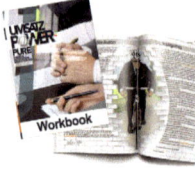

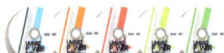

„Erfolg ist käuflich – Alexander S. Kaufmann kann man buchen!"

Ob bei Jahresauftakt-Veranstaltungen, Kick-offs, Kongressen oder Tagungen: Packende und mitreißende Vorträge aus der Praxis für die Praxis sind mit Alexander S. Kaufmann garantiert!

Weitere Informationen zu Alexander S. Kaufmann unter **www.UmsatzMotivator.de**

Alexander S. Kaufmann

Handle selbst – lebe jetzt!

Wirkungsvolle Prinzipien für ein
glückliches und erfülltes Leben

AUFSTEIGER
VERLAG

Der Bestseller **„Handle selbst – lebe jetzt!"** von Alexander S. Kaufmann führt
dich in alle wichtigen Prinzipien ein, die du benötigst, um dein Potential zu befreien
und die gewünschten Resultate zu erreichen. In kurzweiligen Episoden führt dich
dieses lesenswerte Buch von der **SELBSTERKENNTNIS** zur **SELBSTFÜHRUNG**
und über die **SELBSTVERANTWORTUNG** zur **SELBSTDISZIPLIN.**

Als Buch und Hörbuch erhältlich

**Wer sehnt sich nicht nach Harmonie, Erfüllung, Glück und Erfolg?
Doch woher kommen Harmonie, Erfüllung, Glück und Erfolg?
Sie fließen wie aus einer unendlichen Quelle!**

Alexander S. Kaufmann zeigt dir auf dieser CD wirkungsvoll auf, dass du durch richtiges Denken dein Leben richtig lenken kannst. Harmonie, Erfüllung, Glück und Erfolg in den Gedanken ist Harmonie, Erfüllung, Glück und Erfolg im Leben! Und in dem Maße, wie der Mensch sich dieser einströmenden Kraft öffnet, empfängt er vermehrt diese wunderbaren Energien. Lerne dich dieser Kraft zu öffnen, denn was der Mensch fühlt, denkt und spricht, das zieht er an. Und öffne dich dieser unendlichen Quelle, so empfängst du so viel Erfolg und Harmonie, und damit geistige Kraft, um deine Angst zu verlieren, den Sinn zu finden und dein Schicksal zu entfesseln!

**ÖFFNE DIE SCHATZ-
KAMMER DEINER
GRENZENLOSEN
ENERGIE**

ALEXANDER S. KAUFMANN

JÜRGEN HÖLLER
ACADEMY

Was wäre, ...

...wenn DU DEIN volles, menschliches Potential befreien würdest?
...wenn DIR klar wird, wie DU DEINE Kräfte am besten einsetzen könntest?
**...wenn DU einfach wüsstest, wie DU DEINE physische und mentale Energie in
allen Lebensbereichen steigern könntest?**

Das, was Menschen energiegeladen, tatkräftig und motiviert sein lässt, ist einerseits ein komplexes Zusammenspiel verschiedener Faktoren, andererseits aber ein beherrschbarer Mix von Methoden, gezielt gesetzten Gewohnheiten, Routinen und Qualitätsbewusstsein.

Gleichgültig, ob eine Prüfung bevorsteht, ein wichtiges Meeting oder schwierige Verhandlungen, ob der Alltag nagt oder Unvorhergesehenes geschieht – es gibt einfache und wirkungsvolle Techniken, solche Situationen gut zu bestehen und immer wieder Perspektive zu gewinnen.

Du erfährst in diesem inspirierenden, motivierenden und humorvollen Vortrag:

- Wie Du dauerhaft mehr im Leben (Privat & Beruf) erreichst!

- Wie Du innerhalb von nur 12 Monaten 60 % mehr leisten kannst!

- Wie Du Deine Potentiale beFREIst und ResulTATe erREICHst!

- Warum Kontinuität immer Intensität schlägt!

Alexander S. Kaufmann´s Geheimnisse des Erfolgs – der Zündstoff, um deinen persönlichen Durchbruch zu erreichen.

Für Lebensfreude und Lebenserfolg gibt es einen starken Motor – der nennt sich Motivation!
Und mit welchem Treibstoff wird dieser Motor befeuert? Seine Kraftquelle heißt Begeisterung!
Dieses 80-minütige Audioprogramm ist der Wegweiser für alle, die sich für ein außergewöhnliches Leben entschieden haben. Freue dich auf motivierende Impulse von und mit Alexander S. Kaufmann und tanke deine Energiereserven auf, um dauerhaft erfolgreich und begeistert zu sein.

Um erfolgreich zu werden, braucht es Mut!

Doch was unterscheidet die Menschen und macht sie glücklich oder unglücklich, gesund oder krank, optimistisch oder pessimistisch, euphorisch oder depressiv? Wie schaffen wir es, uns neu zu programmieren und was ist zu tun, um ein außergewöhnlich erfülltes Leben zu führen? In diesem begeisternden Video-Seminar entschlüsselt Alexander S. Kaufmann praxisnah und erlebnisreich die Geheimnisse des Erfolgs und präsentiert Antworten auf die Frage:

Erfolg und Glück – ein Leben lang?

Die Aufgabe dieser UmsatzPOW-ER-Box besteht nicht darin, dich zu belehren, wie du die Schlüssel zu einem besseren Leben finden kannst. Bedauerlicherweise können die Geheimnisse des Erfolges nicht gelehrt werden, man muss sie durch eigene Erfahrungen selbst entdecken. Diese UmsatzPOWER-Box wurde mit Bedacht so gestaltet, dass du selbst diese bedeutungsvollen Entdeckungen machst Doch Achtung – nicht REDEN sondern HANDELN. Denn um zu ResulTATen zu gelangen, ist es notwendig, zu HANDELN, es zu TUN, MACHEN, UMSET-

ZEN! Nicht umsonst kommt von UM-SETZEN das Wort UMSATZ!

Die Konzepte, Strategien und Techniken, die du in diesem DVD-Seminar kennenlernst, werden dir mehr Motivation, mehr Umsatz und mehr Lebensqualität ermöglichen. Du wirst neue Möglichkeiten eröffnen und du wirst nach dem durcharbeiten bestimmt deine Wirklichkeit/Realität ganz bewusst hinterfragen. Doch was noch viel wichtiger ist, ist dieses Wissen auch in die Tat umzusetzen – **vom KENNER zum KÖNNER** zu werden!